Collection
PROF
dirigée pa

Série
PROFI

Les Liaisons dangereuses
(1782)

LACLOS

Résumé
Personnages
Thèmes

JEAN-LUC FAIVRE
professeur de lettres
au lycée Roosevelt de Reims

HATIER

SOMMAIRE

© HATIER, PARIS, Février 1992   ISSN 0750-2516   ISBN 2-218-**04837-X**

Les numéros des pages entre parenthèses renvoient à l'édition des *Liaisons dangereuses* publiée par Gallimard (coll. « Folio », 1990).
La lettre *L* suivie d'un nombre d'un ou plusieurs chiffres renvoie au numéro de la lettre citée.

1 Pourquoi lit-on Les Liaisons dangereuses ?

■■■■■ UN ROMAN SCANDALEUX

Les Liaisons dangereuses parurent en mars 1782 et connurent immédiatement un immense succès de scandale. Généralement offusqué, le public lettré réagit violemment, mais subit le charme fascinant d'une œuvre dont il pressentait le caractère exceptionnel ; dès le 21 avril, en effet, Laclos signait une nouvelle édition et de multiples contrefaçons — signes évidents du succès — étaient mises en circulation.

Les critiques du temps sont avant tout préoccupés par l'aspect moral de l'ouvrage et ne cachent pas leur épouvante devant les mœurs dissolues, les roueries et les dépravations du couple fatal Valmont-Merteuil ; on éprouve alors le sentiment qu'un point culminant, qu'un degré absolu et paroxystique dans le mal vient d'être atteint par le romancier et on a peine à croire que Laclos, en peignant de tels vices et de tels débordements, a pu faire comme il le prétend œuvre de moraliste. Si Moufle d'Angerville et Meister, rédacteurs à la *Correspondance* de Grimm[1], louent sans réserve la vigueur, le naturel, la hardiesse et l'esprit dans la peinture des caractères, l'abbé Grosier, journaliste à l'*Année littéraire*, successeur de Fréron, ne cache pas son effroi devant les portraits brossés par Laclos : « La défaite de la Présidente fait horreur, c'est l'enfer même avec tous ses mauvais génies, ouvert pour engloutir sa proie », « Mme de Merteuil dégoûte autant qu'elle effraie[2] ». Cette réaction fut générale dans l'opinion et venait surtout des femmes ; l'une d'elles, auteur dramatique et romancière connue, Mme Riccoboni, écrivit à Laclos : « C'est en qualité de femme, (...) de Française,

---

1. Cf. *Œuvres complètes* de Ch. de Laclos (Gallimard, « Bibliothèque de la Pléiade », 1967, Appendices, p. 698 et suivantes).
2. Cité par A. et Y. Delmas, in *À la recherche des « Liaisons dangereuses »* (Mercure de France, 1964, p. 9).

de patriote zélée pour l'honneur de ma nation, que j'ai senti mon cœur blessé du caractère de madame de Merteuil[1]. » Laclos tenta de se justifier dans une série de lettres qui constituent un plaidoyer habile, mais il ne réussit pas à convaincre sa correspondante et l'opinion tout entière persista à considérer *Les Liaisons dangereuses* comme l'ouvrage le plus scandaleux de la littérature romanesque.

La société décrite par Laclos refusa donc de se reconnaître dans les principaux personnages du roman ; elle qualifia Valmont et Merteuil de monstres et se détourna de l'auteur lui-même qu'elle considéra comme un véritable corrupteur. On a souvent rappelé que la reine Marie-Antoinette, par un sentiment de pudeur, ne fit reproduire ni le nom de l'auteur ni le titre du roman sur la reliure de l'exemplaire des *Liaisons dangereuses* qu'elle possédait. On a aussi fréquemment rappelé, d'après les *Mémoires* de Tilly, que la marquise de Conflans — future amie du duc de Lauzun — fit fermer sa porte à Laclos et qu'elle déclara à ce propos : « Je n'y suis plus pour lui ; si j'étais seule avec lui j'aurais peur. » Cette attitude devait persister longtemps encore. *Les Liaisons dangereuses* furent considérées comme un livre scandaleux jusqu'au milieu du XIXe siècle ; les gouvernements en proscrivirent même la vente et la diffusion ; un jugement du Tribunal correctionnel de la Seine du 8 novembre 1823, confirmé par un arrêt de la Cour Royale de Paris du 22 janvier 1824, ordonna « la destruction de cet écrit dangereux (...) pour outrage aux bonnes mœurs ». En 1865 encore, plusieurs éditeurs et libraires furent condamnés par le Tribunal correctionnel de la Seine pour avoir publié ou vendu le roman de Laclos. Malgré tout, Nerval, Baudelaire, les Goncourt, Taine ont parlé plus ou moins longuement des *Liaisons dangereuses* ; toutefois, c'est à partir de 1880 que les études critiques consacrées à Laclos se multiplièrent et que d'innombrables rééditions de son œuvre virent le jour. En 1890, Paul Bourget reprenait le problème en ces termes : « C'est un procès littéraire à réviser, car si le livre est périlleux, comme tous ceux où les passions sont trop profondément étudiées, il n'est pas immoral et il ne pouvait pas l'être[2]. » Aujourd'hui ce procès est gagné. *Les*

---

1. Cf. *Œuvres complètes* de Ch. de Laclos, *op. cit.*, p. 689.
2. *Sensations d'Italie* (Lemerre, 1891, pp. 294-295).

Liaisons dangereuses ont perdu leur scandaleuse auréole ; on les lit de plus en plus et on s'accorde généralement avec André Gide pour y voir l'un des plus grands et l'un des meilleurs romans de la langue française[1].

UN ROMAN RÉVOLUTIONNAIRE ?

L'intérêt qu'on porte aux *Liaisons dangereuses* est d'autant plus vif qu'on n'a pas craint de leur conférer une dimension révolutionnaire. Tilly a été le premier, en 1804, à révéler cet aspect de l'œuvre ; pour lui, Laclos participe à une « vaste conjuration[2] » et son livre est « un des flots révolutionnaires qui a *(sic)* tombé dans l'océan, qui a submergé la cour[3] », « un des mille éclairs de ce tonnerre (...) un de ces météores désastreux qui ont apparu sous un ciel enflammé, à la fin du XVIIIe siècle[4] ». Cette interprétation a été reprise par plusieurs critiques ; Baudelaire, par exemple, voit dans *Les Liaisons* un « livre d'histoire (...) livre de sociabilité, terrible[5] ». Pour Émile Dard, biographe du romancier, *Les Liaisons* sont un « pamphlet politique[6] » inspiré à Laclos par sa colère contre les grands : « Il voulait lapider les grands seigneurs, ces vils parasites qui s'étaient emparés du gouvernement et accaparaient toutes les places[7]. » Enfin, Roger Vailland a amplifié cette thèse ; selon lui, le livre de Laclos est un grand livre parce qu'il est la peinture réaliste d'une classe sociale à la veille de sa chute ; dans cette hypothèse, Laclos n'est pas Valmont : « C'est l'ennemi de classe des Valmont[8] » et son roman est « une bombe destinée (...) à servir d'arme à la bourgeoisie, classe montante, contre l'aristocratie, classe privilégiée[9] ». D'après ces commentateurs, la bonne

1. NRF, 1er avril 1913.
2. *Œuvres complètes* de Laclos, *op. cit.*, Appendices, p. 710.
3. *Ibid.*
4. *Ibid.*
5. *Ibid.*, p. 714 et 716.
6. *Le général Choderlos de Laclos, auteur des « Liaisons dangereuses »* (Perrin, 1936, p. 30).
7. *Ibid.*
8. *Laclos par lui-même* (Le Seuil, 1953, p. 8).
9. *Ibid.*

société a récusé le roman parce qu'elle avait le sentiment d'y être attaquée en tant que classe par un ennemi plus que par un moraliste épris de vertu.

Aussi séduisante qu'elle puisse paraître, cette interprétation n'est guère satisfaisante. Bien sûr, on ne saurait oublier que *Les Liaisons dangereuses* ont paru sept ans avant la Révolution et on ne saurait nier l'intérêt historique qui les caractérise ; toutefois, les affirmations de Roger Vailland reposent sur un argument fallacieux ; celui-ci croit trouver une preuve de ce qu'il avance dans le fait que Mme de Tourvel, seul personnage vertueux du roman et victime du vicomte de Valmont, appartient, non à l'aristocratie, mais à la grande bourgeoisie. Or, il est incontestable que Mme de Tourvel fait partie du même monde que les autres personnages ; en effet, et René Pomeau l'a pertinemment fait remarquer[1], on voit la Présidente quêter dans la très aristocratique église Saint-Roch en présence d'une assistance très choisie où Valmont et Mme de Merteuil ont pris place ; d'autre part, c'est Mme de Volanges qui a préparé le mariage de Mme de Tourvel (lettre 8) ; enfin le président de Tourvel n'est pas du tout, comme l'écrit Vailland, un « simple magistrat[2] » ; un président à mortier du Parlement de Paris est un personnage très important qui se situe parmi les degrés les plus élevés de l'échelle sociale. René Pomeau rappelle fort justement qu'« en 1780, la solidarité entre les deux aristocraties d'épée et de robe venait de se resserrer encore : les parlementaires s'étaient illustrés dans la défense des privilèges en faisant échouer la réforme des parlements Maupeou ; à son avènement, Louis XVI avait rappelé les anciens parlements (auxquels évidemment appartient le président de Tourvel) victoire du parti aristocratique[3] ». Par ailleurs, Valmont n'occupe pas, comme on le prétend parfois, le sommet de la hiérarchie sociale ; on sait qu'il est d' « illustre maison », qu'il est « l'héritier d'un beau

---

1. « D'*Ernestine* aux *Liaisons dangereuses* : le dessein de Laclos » (*Revue d'Histoire littéraire de la France*, mai-août 1968, p. 619-620).
2. *Ibid.*, p. 620.
3. *Ibid.* Confronté à l'esprit de caste et aux préjugés aristocratiques des magistrats, le chancelier Maupeou (1714-1792) avait procédé, en 1771, à une réforme de l'institution judiciaire qui supprimait les anciens parlements et les remplaçait par de simples tribunaux. Mais le vieux corps parlementaire était tellement lié à l'ordre monarchique que Louis XVI le rétablit dès son avènement (1774).

nom » et qu'il porte le titre de vicomte ; ces quelques données livrées par le romancier ne peuvent en aucun cas nous permettre de le situer dans la noblesse des ducs et pairs qui constitue l'entourage immédiat du roi ; Valmont n'appartient pas non plus, comme l'affirme Émile Dard, à ceux qui « s'étaient emparés du gouvernement et accaparaient toutes les places[1] » : il n'occupe aucune charge officielle et, au cours des cinq mois que dure l'action romanesque, on ne le retrouve qu'une seule fois à Versailles (Lettre 53).

On voit donc que la thèse qui prétend faire des *Liaisons dangereuses* une arme révolutionnaire repose en fait sur des bases bien fragiles ou sur de fausses données dues à une lecture hâtive ou partiale. « Il est sans doute normal, écrit J.-L. Seylaz, qu'un historien s'intéresse aux *Liaisons* comme à une œuvre prérévolutionnaire : elles reflètent un relâchement des mœurs, un libertinage aristocratique, qui constituent un facteur sociologique susceptible d'expliquer en partie les origines de la Révolution ou son succès. Mais c'est surestimer la portée révolutionnaire des *Liaisons* que d'en faire la clé du livre, l'explication de sa violence et de son retentissement[2] ».

---

1. Cf. note 6, p. 7.
2. *« Les Liaisons dangereuses » et la création romanesque chez Laclos* (Genève, Droz ; Paris, Minard, 1958, p. 88).

2 Les Liaisons dangereuses, l'auteur, l'époque

■■■■■■ BIOGRAPHIE SOMMAIRE DE LACLOS

La vie militaire

Pierre-Ambroise-François Choderlos de Laclos naquit à Amiens le 18 octobre 1741. Sa famille était probablement d'origine espagnole et son père était secrétaire de l'intendance de Picardie et Artois. Le jeune Choderlos fut vraisemblablement élevé dans l'une de ces académies où l'on apprenait un peu les humanités, mais surtout la danse, l'équitation et les armes. Il semble néanmoins avoir fait de bonnes études. Il se destina à la carrière militaire et, à dix-huit ans, le 1er décembre 1759, il entra à l'école d'artillerie de La Fère ; le 23 janvier 1760, il fut reçu élève du Corps Royal et, le 8 mars 1761, obtint son brevet de sous-lieutenant. Promu lieutenant en second le 15 janvier 1762, on l'affecta, selon ses vœux, à la Brigade des Colonies ; créée en vue d'expéditions outre-mer, cette formation perdit sa raison d'être en 1763, à la suite du Traité de Paris, et devint le régiment de Toul-Artillerie. Dès lors, pendant vingt ans, ayant perdu ses espoirs de combats et d'aventures, Laclos vécut, en province, de ville en ville, l'existence terne et peu exaltante d'un officier de garnison.

En 1769, après avoir séjourné à Toul et Strasbourg, il suivit son régiment à Grenoble où il demeura jusqu'en 1775. C'est dans cette cité, selon Stendhal, que Laclos aurait connu les modèles des personnages de son futur roman et qu'il écrivit, dans le genre léger au goût du temps, ses premiers poèmes *(Les souvenirs, épître à Églé)*. À Besançon, autre cantonnement, pour tromper l'ennui, il rédigea le texte de deux opéras-comiques : *La matrone* et *Ernestine* ; le premier ne fut jamais joué ; quant au second, tiré d'un roman sensible et tendre dû à la plume de Madame Riccoboni, il eut l'honneur de la Comédie - Italienne en juillet 1777, mais cette première et unique représentation se solda par un échec absolu. Grimm, dans sa *Correspondance*, parle de cette œuvre en ces termes : « On ne pouvait guère choisir de sujet plus agréable, on ne pouvait guère le défigurer d'une manière plus maussade[1]. » Le texte de ces deux ouvrages est perdu ; il ne semble pas qu'on ait à le regretter. Laclos allait, en effet, bientôt commencer la composition d'un livre dont le succès et les immenses qualités devaient lui assurer une éclatante réputation littéraire.

L'île d'Aix
« Les Liaisons dangereuses »

Bien noté, « officier intelligent[2] », en 1777, Laclos fut choisi pour préparer à Valence l'établissement d'une école d'artillerie. C'est pour les qualités dont il fit preuve au cours de cette mission qu'on lui confia, une fois encore, une tâche délicate : le 30 avril 1779, alors capitaine en second à Besançon, il fut détaché à Rochefort pour travailler aux fortifications sur l'Atlantique et, plus particulièrement, à la construction et à l'armement du fort de l'île d'Aix. En effet, depuis le traité d'alliance avec les Insurgents d'Amérique (6 février 1778), la France était à nouveau en guerre contre l'Angleterre et la tactique habituelle des stratèges anglais était bien connue : occuper les îles françaises du littoral occidental. Laclos travailla sous les ordres du marquis de Montalembert qui dira de lui, en 1782, qu'il était « sur les lieux un autre lui-même[3] ». Outre les problèmes techniques et l'édification des ouvrages d'art, il est vrai que la responsabilité de Laclos fut bien réelle : il commandait à plus de cinq cents hommes et l'ennemi, depuis la bataille d'Ouessant (1778), hantait les parages. Pourtant c'est dans ces circonstances que Laclos conçut son roman et imagina les inoubliables figures de la marquise de Merteuil et du vicomte de Valmont. *Les Liaisons dangereuses* furent commencées et élaborées au cours des vingt-trois mois que leur auteur passa sur l'île d'Aix en 1779,

1. *Correspondance littéraire, philosophique et critique (1753-1793)*, édition de M. Tourneux (Garnier, 1877-1882, t. XI, p. 497).
2. Dossier concernant Laclos aux Archives de la Guerre, mémoire du 1er septembre 1777.
3. Cité par R. Pomeau, in « Le mariage de Laclos » (*Revue d'Histoire littéraire de la France*, janvier-mars 1964, p. 64).

1780 et 1781. Le 4 septembre 1781, Laclos demanda un congé de six mois ; on présume que son livre est alors pratiquement achevé ou bien près de l'être. L'ouvrage parut à la fin mars 1782 et connut immédiatement un immense succès de scandale.

Le mariage de Laclos

En mai 1782, Laclos regagna l'île d'Aix, mais la guerre touchait à sa fin et il ne tarda pas à recevoir une nouvelle affectation : en 1783, il est chargé de construire, à la Rochelle, les bâtiments de l'Arsenal. C'est à cette époque et dans cette ville qu'il fit la connaissance de la jeune Marie Soulange Duperré qu'il séduisit et dont il eut un enfant naturel baptisé le 1er mars 1784 sous le nom d'Étienne Fargeau. Laclos n'épousera sa maîtresse qu'en avril 1786.

« L'Éducation des femmes »
« Lettre sur l'éloge de Vauban »

Une fois publiées *Les Liaisons dangereuses*, Laclos écrivit peu. Il fit paraître, en 1784, dans le *Mercure de France*, un article consacré à un roman anglais, *Cecilia*, où il fait part de sa conception du roman. En 1785, l'académie de Châlons-sur-Marne ayant proposé comme sujet de concours le thème de réflexion suivant : « Les meilleurs moyens de perfectionner l'éducation des femmes », Laclos entreprit la rédaction d'un mémoire, *L'Éducation des femmes*, mais il ne l'acheva point. Il y reprenait les théories et les idées de Rousseau sur la « nature » et y faisait preuve d'un moralisme étonnant chez un auteur considéré comme libertin. Toutefois le scandale attaché à son nom depuis la parution de son roman n'allait pas tarder à rejaillir. En effet, il produisit en 1786 un opuscule qui suscita, dans les milieux littéraires et militaires, quelques vives contestations. L'Académie française ayant mis au concours un éloge du maréchal de Vauban, Laclos écrivit une lettre, très hardie pour l'époque, dans laquelle il montrait ce qu'un pareil panégyrique avait, à ses yeux, d'excessif et de déplacé.

Au service du duc d'Orléans

À la suite de cette publication qui osait s'attaquer à la doctrine officielle des stratèges militaires en matière de fortifications,

Laclos éprouva des difficultés avec ses supérieurs et ses chefs. Le ministre de la guerre demanda son renvoi à Toul où Laclos ne tarda pas à se lier avec le vicomte de Noailles qui l'introduisit auprès du duc d'Orléans. Le duc favorisa son retour à Paris et, en 1788, Laclos obtint un congé. Devenu libre, il entra au service du duc d'Orléans en tant que secrétaire de ses commandements. Le duc d'Orléans, Philippe Égalité, groupait autour de lui tous les opposants du régime, les partisans des réformes et des Lumières, tous ceux qui souhaitaient une constitution à l'anglaise. Laclos devint très vite un des hommes de confiance les plus écoutés de ce prince et joua un rôle de première importance au sein du parti orléaniste. Soupçonné d'avoir financé les premières émeutes révolutionnaires (l'affaire Réveillon, le 14 juillet, les 5 et 6 octobre 1789), le duc d'Orléans, sous le prétexte d'une mission diplomatique, fut exilé à Londres. Laclos l'accompagnait. En juillet 1790, revenu à Paris, l'auteur des *Liaisons dangereuses* se jeta dans le combat révolutionnaire avec une énergie nouvelle ; il entra au Club des Jacobins, rédigea, à partir du 21 novembre 1790, le *Journal des amis de la constitution* et devint un orateur très en vue. À la suite de la fuite du roi, en juin 1791, Laclos tentera, avec les Jacobins, d'obtenir la déchéance de Louis XVI et de porter le duc d'Orléans à la régence ; mais l'Assemblée nationale en décida autrement et, après les incidents sanglants du Champ de Mars, Laclos donna sa démission du Club. Le 10 août 1792, il fut élu commissaire à la municipalité parisienne et, le 29 août, Danton le nomma commissaire du pouvoir exécutif ; c'est à ce titre qu'il s'efforça d'organiser la seconde ligne de défense qui, sans la victoire de Valmy, eût protégé Paris contre l'envahisseur.

En prison

Le 22 septembre 1792, Laclos fut promu général de brigade et, six mois plus tard, sur sa demande, il obtint le poste de gouverneur général des établissements français des Indes ; il cherchait donc à s'éloigner de France quand, le 31 mars 1793, après la trahison de Dumouriez, il fut décrété d'arrestation en même temps que le duc d'Orléans, ses fils et plusieurs de ses partisans. Sa tête était menacée. Relâché sous condition le 10 mai, grâce à l'intervention de son ami Alquier, président du Comité de sûreté générale, il procéda, au Petit-Meudon, à des expériences sur le boulet creux, projectile de son invention dont la puissance d'explosion était bien supérieure aux boulets employés jusqu'alors. Toutefois, à la suite de la chute des Girondins, il fut de nouveau incarcéré, le 5 novembre, deux jours avant l'exécution du duc d'Orléans. Une fois encore, Laclos s'attendait à monter sur l'échafaud. Néanmoins, il échappa au supplice pour des raisons mal connues et fut libéré, à la suite du 9 thermidor, après douze mois de détention.

Rappelé au service

Sorti de prison, Laclos présenta devant le Comité de salut public un mémoire intitulé *De la guerre et de la paix* où il développait, entre autres, l'idée de mener la guerre jusqu'à ce que fussent conquises toutes les frontières naturelles. Du traité de Bâle jusqu'au 18 brumaire auquel il se ralliera avec enthousiasme, il fut conservateur des hypothèques. Le premier consul lui rendit son grade de général de brigade et l'affecta, sous les ordres de Moreau, à l'armée du Rhin dont il commanda l'artillerie. Il fit ensuite partie de l'armée d'Italie ; en 1803, nommé au commandement de l'artillerie de Naples, on lui confia la défense de Tarente où, à peine arrivé, atteint de dysenterie, il mourut le 5 septembre.

███████ PETITE HISTOIRE DE LA DÉBAUCHE ET DU LIBERTINAGE AU XVIIIᵉ SIÈCLE

Les Liaisons dangereuses ne sauraient être considérées indépendamment du contexte historique et social dont elles font partie. Le roman de Laclos, outre sa portée universelle, reflète les habitudes et la mentalité d'une certaine noblesse et d'une certaine aristocratie bourgeoise. Toutefois, il faut prendre garde aux erreurs de perspective ; la société décrite par le romancier appartient à une époque très précise et il convient de brosser rapidement le tableau des mœurs au XVIIIᵉ siècle pour situer à son exacte place dans une évolution générale ce que Laclos a voulu dépeindre et stigmatiser.

Les mœurs de la Régence

1er septembre 1715 : Louis XIV expire. Cette mort est ressentie comme un véritable soulagement. Au rigorisme étroit des dernières années du règne, à l'influence austère et à la bigoterie de Mme de Maintenon, à la tristesse générale succède soudain l'explosion libératrice d'une ère nouvelle : la Régence. A l'exemple du régent, Philippe d'Orléans, on se livre alors ouvertement aux plaisirs et la débauche s'officialise ; les femmes elles-mêmes prennent le goût de la crapule : la princesse de Conti, bru du Régent, et la duchesse de Bourbon se livrent à d'effrénées ripailles et mémorables orgies. D'une façon générale les grands s'encanaillent et le libertinage devient un excellent moyen de parvenir : Dubois, Albéroni, le cardinal de Tencin doivent leur position sociale à la dépravation et à la licence des mœurs. Louis XIV, il est vrai, par sa politique de centralisation héritée de Richelieu, en ôtant à la noblesse ses prérogatives et ses raisons d'être, a limité l'ambition des grands à la seule obtention de quelques titres versaillais, et a favorisé l'apparition d'une classe sociale condamnée à l'oisiveté ; quelques dizaines de personnes suffisent, en effet, au gouvernement de l'État et si un nombre important de nobles sert aux armées, un plus grand nombre encore n'exerce aucune activité. Le Roi-Soleil a créé une race nouvelle : l'homme de cour dont la préoccupation essentielle est de plaire au souverain et dont l'existence, toute de loisirs, est consacrée à l'amour et aux femmes.

Le petit-maître

Sous le règne de Louis XV (1723-1774), la débauche est moins grossière qu'à l'époque de la Régence, mais les salons de la bonne société sont fréquentés par ces oisifs de haut rang parmi lesquels le petit-maître, préfiguration du roué de 1770, occupe une place privilégiée. Ce personnage passe son temps à persifler ; son attitude égoïste et méprisante, son goût du dénigrement le portent insensiblement à la méchanceté ; insolent, il détruit les réputations et fait fi du sentiment. Le petit-maître méprise les femmes, ne les considère que comme les instruments de sa renommée ; pour lui, pudeur, principes, vertu et religion ne sont que préjugés ridicules. Vers 1750, sous l'influence de la philosophie des Lumières, on voit apparaître le *talon-rouge* qui représente le « petit-maître philosophe » et qui s'inscrit dans la lignée traditionnelle du libertinage irréligieux des xvie et xviie siècles.

L'aimable scélérat ou le modèle de Laclos

En 1774, avec l'avènement de Louis XVI, la corruption des mœurs semble diminuer ; en effet, le nouveau roi est épris de simplicité, de vertu et d'honnêteté. Alors que Louis XV s'abandonnait aux plaisirs les plus effrénés, son successeur s'adonne essentiellement à la vie familiale et à de saines activités. Le vice se dissimule sous des apparences de correction et de sensibilité ; des Lauzun ou des Bezenval apportent dans leur libertinage plus de raffinement, d'élégance et de recherche qu'un maréchal de Richelieu, sans parler du régent et de ses compagnons de débauches frénétiques et grossières. Mais, en se cachant, la scélératesse s'intensifie et perfectionne ses méthodes ; c'est l'époque où l'on crée le mot « rouerie », où « triomphent le *Tartuffe de mœurs*, le scélérat méthodique, le scélérat aimable dont le petit-maître n'était qu'une ébauche. Aimable parce que le séducteur est redevenu honnête homme, poli, raffiné dans ses manières et dans son langage ; aimable parce qu'il a toutes les grâces et les travers à la mode, qu'il est amusant et dangereux ; aimable parce qu'il sait parler d'amour aussi bien que les galants de la préciosité. Méthodique parce qu'il connaît les ressorts du cœur, et possède la science et la patience des longs investissements, le goût des savantes et progressives perversions[1] ». La corruption qui s'étalait autrefois ouvertement s'intériorise, s'intellectualise ; on prend goût au double jeu, à l'hypocrisie ; on se livre à de savantes manœuvres et à des calculs compliqués pour sauver la face, pour donner à autrui le change entre l'être et le paraître ; l'historien Sagnac a même cru pouvoir distinguer dans cette époque « un secret plaisir du contraste entre les apparences et la réalité[2] ». Ce sont les mœurs de cette société et de cette génération dont Laclos a voulu faire la peinture dans *Les Liaisons dangereuses* à travers les personnages de Mme de Merteuil et du vicomte de Valmont.

---

1. L. Versini, *Laclos et la tradition* (Klincksieck, 1968, p. 42).
2. Cité par A. et Y. Delmas, *op. cit.*, p. 11.

3 Résumé

PREMIÈRE PARTIE LETTRES 1 À 50

Naissance d'une rivalité

Le vicomte de Valmont, roué accompli, séjourne en province, à proximité de Paris, dans le château de sa vieille tante, Mme de Rosemonde, lorsqu'il reçoit une lettre de Mme de Merteuil, sa complice en libertinage qui le presse de regagner la capitale au plus vite et qui lui assigne une tâche très importante : corrompre, avant qu'elle n'épouse le comte de Gercourt (L. 2), la petite Cécile de Volanges, sortie depuis peu du pensionnat. Mme de Merteuil ne pardonne pas au comte de Gercourt de l'avoir délaissée : « ... nous lui donnerons une femme toute formée, au lieu de son innocente pensionnaire. Quelle est donc en effet l'insolente sécurité de cet homme, qui ose dormir tranquille, tandis qu'une femme, qui a à se plaindre de lui, ne s'est pas encore vengée ? » (L. 20). Mais le vicomte refuse d'obéir aux ordres qui lui sont donnés ; il a mieux à faire que de débaucher « une jeune fille qui n'a rien vu (et lui) [...] serait livrée sans défense » (L. 4) ; il a entrepris une tâche autrement difficile : séduire la dévote et austère Mme de Tourvel qui, en l'absence de son mari[1], est l'hôte de Mme de Rosemonde ; piquée par le

---

1. Monsieur de Tourvel est « président à mortier » au Parlement de Paris ; quand s'ouvre le roman, il est retenu en province par un procès où il ne figure pas comme juge, mais comme partie. Les parlements, sous l'Ancien Régime, étaient des Cours de justice et le mortier était une toque ronde portée par les présidents, le greffier en Chef du parlement et le chancelier de France. Monsieur de Tourvel est donc un haut magistrat.

refus du vicomte, Mme de Merteuil dénigre sa nouvelle conquête et le ton désinvolte de ses propos cache mal son orgueil blessé (L. 5). La complicité qui unit la marquise et le vicomte est périlleuse ; la volonté de puissance de Mme de Merteuil, l'esprit d'indépendance de Valmont percent sous l'ironie et le badinage du style. D'ailleurs, Mme de Merteuil a tôt fait de révéler à son correspondant la faute qu'elle ne saurait lui pardonner et qu'il ignore peut-être encore : « ... vous êtes amoureux » (L. 10) ; la marquise, qui a aimé Valmont plus qu'aucun autre (cf. L. 131 et 134), est jalouse d'une rivale et ne peut tolérer ce qu'elle considère comme un véritable crime de lèse-libertinage ; aimer Mme de Tourvel c'est trahir des principes qui ont été longtemps les siens et ceux de son complice, c'est renier tout un passé commun ; d'où l'acrimonie de sa réaction ; elle cherche à piquer l'amour-propre de Valmont en lui prouvant qu'il a le ridicule d'être amoureux et elle tente plus subtilement d'exciter sa jalousie en lui décrivant minutieusement la nuit qu'elle a passée avec le chevalier Belleroche (L. 10) ; cette manœuvre réussit ; le vicomte réagit : « En lisant votre lettre et le détail de votre charmante journée, j'ai été tenté (...) de vous demander en ma faveur une infidélité à votre chevalier » (L. 15) ; toutefois, ce procédé est insuffisant et ne ramène pas Valmont ; la marquise n'a plus alors qu'un moyen : elle s'offre comme récompense après le succès : « Aussitôt que vous aurez eu votre belle dévote, que vous pourrez m'en fournir une preuve, venez, et je suis à vous » (L. 20). La réalisation de ce dessein va constituer la trame de tout le livre.

Valmont à la conquête de Mme de Tourvel

Valmont s'attache donc, pour l'instant, à séduire la Présidente de Tourvel ; il a d'ailleurs l'intime conviction que cette femme n'est pas insensible à sa personne : n'a-t-il pas senti son cœur palpiter d'amour quand, au cours d'une promenade, il l'a prise dans ses bras pour l'aider à franchir un fossé ? (L. 6). De plus, Mme de Tourvel, malgré une lettre de mise en garde qu'elle a reçue de son amie, Mme de Volanges, persiste à défendre le vicomte (L. 11) et à penser qu'il vaut mieux que sa réputation (L. 8) ; elle le fait même suivre par un de ses valets pour épier sa conduite (L. 15) ; toutefois, ce procédé va se retourner contre elle et contribuer à sa perte. Valmont, informé par son chasseur de la filature quotidienne dont il est l'objet, va, par un machiavélique stratagème, tirer profit de cette situation : il se livre publiquement à un geste de générosité en payant, dans quelque village voisin, les dettes d'un malheureux père de famille ; cette scène de bienfaisance ne manque pas, comme prévu, d'être rapportée à Mme de Tourvel et de provoquer chez elle l'émotion qu'espérait son séducteur (L. 22) ; Valmont profite de cet attendrissement pour se déclarer (L. 23) et remettre sa première lettre (L. 24) ; Mme de Tourvel sent bien qu'elle ne doit pas répondre, mais elle désire se justifier des larmes qu'elle a versées devant le vicomte et elle lui écrit pour la première fois : « Je m'en tiens, Monsieur, à vous déclarer que vos sentiments m'offensent... » (L. 26) ; dès cet instant, elle évite toute rencontre avec Valmont et refuse de recevoir les billets qu'il lui adresse (L. 34) ; c'est par ruse, en contrefaisant le cachet de la poste, que le vicomte réussira à faire parvenir une autre lettre qui sera lue puis déchirée devant lui, mais dont les morceaux seront précieusement conservés par sa destinataire (L. 34). Mme de Tourvel tombe alors dans un autre piège : elle demande à Valmont de quitter le château de Mme de Rosemonde (L. 40, 41) ; le vicomte obéit, car « qui commande s'engage » (L. 40), mais il négocie son départ contre la permission d'écrire et Mme de Tourvel est obligée de lui répondre, d'accéder non sans réticences à sa requête (L. 43). Cependant, avant de regagner Paris, le vicomte désire savoir qui cherche à lui nuire dans l'esprit de Mme de Tourvel et à le présenter comme un dangereux roué ; ne pouvant naturellement rien obtenir de Mme de Tourvel (L. 43), il n'hésite pas à fouiller lui-même dans son secrétaire (L. 40), mais en vain ; il procède donc autrement : son chasseur reçoit l'ordre de compromettre la femme de chambre de Mme de Tourvel ; apeurée, la pauvre fille s'exécute et livre la correspondance de sa maîtresse ; les lettres du vicomte sont mouillées de larmes : Valmont a la preuve que Mme de Tourvel est amoureuse ; autre découverte : c'est Mme de Volanges qui a prévenu Mme de Tourvel des dangers qu'elle courait en présence du vicomte et qui a brossé de lui un détestable portrait ; furieux, Valmont est déterminé à se venger et rejoint ici le dessein de Mme de Merteuil (L. 44). Or, de retour à Paris, le vicomte est porteur d'une invitation de Mme de Rosemonde à l'intention de Mme de Volanges et de sa fille Cécile (L. 45 et 47) ; cette première partie s'achève donc par une véritable montée des périls et les acteurs principaux du drame ne tarderont pas à être réunis. Enfin, le soir même de son arrivée dans la capitale, Valmont passe la nuit avec Émilie, une fille légère de sa connaissance qui, entre deux ébats amoureux, lui sert complaisamment de pupitre (L. 47) pour écrire à Mme de Tourvel une lettre à double sens (L. 48).

Les amours de Cécile

Au cours d'une séance de chant qui a eu lieu chez la marquise de Merteuil, le chevalier Danceny a fait la connaissance de Cécile dont il est tombé amoureux (L. 5 et 7) ; depuis lors, Danceny se rend régulièrement chez la jeune fille et ils se livrent tous deux aux plaisirs de la musique. Cécile apprécie son partenaire. Dénuée d'expérience, redoutant les rigueurs de sa mère, la petite Volanges s'adresse à la seule personne de son entourage qui ait marqué pour elle un réel intérêt : la marquise de Merteuil ; celle-ci a déjà deviné que la jeune fille « aime [...] son Danceny avec fureur » (L. 20) et reçoit bientôt ses confidences (L. 27). Cécile a répondu à la première lettre du chevalier (L. 19) et Mme de Merteuil, loin d'empêcher ce commerce amoureux qui la sert, profite de la confiance qu'on lui accorde pour contrôler la correspondance de sa petite protégée, étouffer ses scrupules (L. 30) et lui faire haïr le comte de Gercourt, son futur mari (L. 38). Mais, soudain, au terme de cette première partie, Cécile demande à Danceny de ne plus lui écrire (L. 49) et se refuse catégoriquement à ses cajoleries (L. 46).

■■■■■ DEUXIÈME PARTIE
LETTRES 51 À 87

L'omniprésence de la marquise

Cécile est toujours éprise de Danceny, mais depuis qu'elle s'est confiée à un ecclésiastique, elle a décidé de fuir la présence de son chevalier. Rupture bien éphémère ! La marquise a .ôt fait de reprendre les événements en mains et elle ménage, en l'absence de Mme de Volanges, un prétendu rendez-vous d'adieu entre les jeunes gens (L. 51). Si Danceny reconquiert le cœur de sa belle (L. 55), il est incapable, malgré les conseils de Valmont qui reçoit maintenant ses confidences (L. 53), de profiter de la situation qui lui est offerte et d'éveiller la sensualité de Cécile. Mme de Merteuil est exaspérée par ces lenteurs (L. 54) ; le temps lui est compté : elle doit accomplir sa vengeance avant la date prévue pour le mariage. Devant cette fâcheuse défaillance de Danceny, elle passe elle-même à l'action : elle révèle secrètement à Mme de Volanges les amours clandestines de sa fille (L. 59 à 63) et lui conseille d'éloigner Cécile de son soupirant en acceptant l'invitation de Mme de Rosemonde. Valmont regagne alors en hâte le château de sa tante ; il y retrouve Cécile dont il gagne la confiance et dont il facilite la correspondance amoureuse (L. 72-73-80-82) ; en outre, sous le fallacieux prétexte de lui remettre plus aisément les lettres de son chevalier, il demande à Cécile de dérober à sa mère une clef qui ouvre la chambre de la jeune fille (L. 84).

La supériorité de la marquise

On ne ressent que mieux, dans cet épisode du roman, la rivalité qui oppose Mme de Merteuil à Valmont. Le vicomte est heureux de piquer l'amour-propre de la marquise en lui narrant par le menu son aventure galante avec la vicomtesse de M... au château de L... et en lui faisant habilement valoir l'excellence de sa méthode en cette occasion (L. 71). Mais la marquise ne demeure pas en reste et rappelle sans cesse à Valmont qu'elle lui est supérieure, qu'elle est le véritable metteur en scène de ce qui se passe en ce moment même au château de Mme de Rosemonde et qu'il lui doit tout : « Que vous êtes heureux de m'avoir pour amie ! Je suis pour vous une fée bienfaisante. » (L. 83 et L. 85, cf. aussi L. 74). D'ailleurs, alors que le vicomte semble incapable de mener à bien la conquête de Mme de Tourvel, Mme de Merteuil va faire une magistrale démonstration de ses capacités et donner à son complice une remarquable leçon de virtuosité ; malgré les conseils de prudence que lui prodigue Valmont (L. 70 et 76), elle n'hésite pas à s'attaquer à l'illustre Prévan, libertin consommé (cf. « L'histoire des inséparables »,

L. 79) dont elle triomphe avec aisance et qu'elle perd sans scrupule (L. 85). Enfin, cette seconde partie animée par l'activité incessante de la marquise est couronnée par son étrange et extraordinaire « profession de foi » (L. 81).

La séduction à distance

L'entreprise de Valmont auprès de Mme de Tourvel semble se ralentir considérablement au cours de cette séquence du roman ; en réalité, l'action n'y est pas inexistante ; elle a changé de plan ; elle est toute intérieure et le vicomte déploie à fond la seule activité qu'il puisse exercer en l'absence de la Présidente : il lui écrit, il tente de la séduire à distance ; il affirme être revenu de ses erreurs passées (L. 52) et avoir enfin découvert, grâce à Mme de Tourvel, le charme de l'amour vrai (L. 52) ; il prétend n'avoir jamais été heureux et rend la Présidente responsable de son bonheur à venir (L. 58). En dépit de sa ferme volonté de ne plus correspondre (L. 56), Mme de Tourvel est sensible à de tels propos et offre son amitié (L. 67) ; certain d'être aimé (L. 76), Valmont refuse et s'en tient à l'amour (L. 68) ; au demeurant, ce libertin n'est guère pressé puisque son « projet (...) est qu'elle sente bien la valeur et l'étendue de chacun des sacrifices qu'elle [lui] fera ; (...) de faire expirer sa vertu dans une lente agonie... » (L. 70) ; il a pu jouir ainsi tout à loisir du trouble violent qui s'est emparé de sa victime lors de son retour impromptu au château de Mme de Rosemonde (L. 76 et 78) et il compte bien, malgré les protestations de la Présidente (L. 78), profiter de cet avantage pour aller plus avant dans sa conquête : quand s'achève la seconde partie du livre, il demande qu'on lui accorde un entretien (L. 83).

■■■■■ TROISIÈME PARTIE
LETTRES 88 À 124

La dépravation de Cécile

Cécile, non sans réticences (L. 88, 89, 92, 93), accepte enfin de s'emparer de la clef qui ouvre la porte de sa chambre (L. 94, 95) ; Valmont s'empresse d'en faire exécuter un double. Dès lors « correspondances, entrevues, rendez-vous nocturnes, tout [devient] commode et sûr » (L. 96). Pressé de se venger, de faire payer à la fille les médisances de la mère, le vicomte ne tarde pas à s'introduire de nuit dans la chambre de la petite Volanges qui résiste à peine et se laisse dépraver avec une facilité déconcertante (L. 96) ; mais, le lendemain, effleurée par l'ombre d'un scrupule, Cécile refuse de recevoir Valmont (L. 99), écrit à Mme de Merteuil et prend conseil auprès d'elle (L. 97) ; elle reçoit naturellement une réponse qui l'invite à s'abandonner sans honte aux plaisirs de l'amour (L. 105) ; les avis de la marquise sont suivis à la lettre : Valmont reprend ses visites galantes (L. 100) et met toute sa science à corrompre la jeune fille (L. 110). Cependant, un événement inattendu survient, qui risque de compromettre la vengeance des deux roués : préoccupée par la mine fatiguée et alanguie de sa fille, persuadée qu'elle est minée par son amour contrarié pour Danceny, Mme de Volanges, qui ne soupçonne rien des ébats nocturnes de Cécile, veut reprendre la parole donnée à Gercourt, annuler le mariage et accepter le chevalier pour gendre (L. 98) ; toutefois, Mme de Merteuil qui a reçu ses confidences a tôt fait, au nom de l'amour maternel et de la sagesse, d'inciter Mme de Volanges à abandonner ce projet si contraire à l'accomplissement de ses intentions machiavéliques. Cécile restera donc encore à la merci de Valmont qui aura d'autant plus le temps de parachever son œuvre corruptrice que le retour de Gercourt est retardé par un voyage en Italie (L. 111) ; d'ailleurs, le vicomte a déjà obtenu un résultat certain puisque la petite Volanges est enceinte et qu'elle l'ignore (L. 115).

La fuite de la Présidente

Mme de Tourvel refuse l'entretien sollicité par Valmont ; elle lui demande de partir, mais, profondément émue par le retour de son séducteur, elle reconnaît implicitement l'amour qu'elle lui porte et qu'elle tente, à bout de forces, de combattre encore (cf. L. 90). Pourtant, ce tête-à-tête, obstinément réclamé (L. 91) et obstinément refusé, finit, grâce au hasard, par avoir lieu : le vicomte et Mme de Tourvel se rencontrent fortuitement au moment même où celle-ci pénètre dans son appartement ; Valmont entre sans difficulté chez la Présidente qui s'abandonne peu à peu, tombe dans ses bras, mais se ressaisit et se dégage brusquement en proie à une forte crise émotionnelle, à un douloureux combat intérieur ; le vicomte se refuse alors à tenter quoi que ce soit ; il a d'ailleurs tout lieu de se féliciter de sa prudence puisque, le soir même, Mme de Tourvel reparaît au salon, fait preuve d'obligeance à son endroit et presse même fortement sa main avant de se retirer (L. 99). Valmont, convaincu de son emprise sur la Présidente, chante déjà victoire dans une lettre qu'il adresse à Mme de Merteuil (L. 99) ; mais, le lendemain, sa déconvenue est à la mesure de ses espérances de la veille : Mme de Tourvel a quitté secrètement le château de Mme de Rosemonde et regagné son hôtel parisien (L. 100). Irrité de s'être laissé surprendre, le vicomte envoie immédiatement son chasseur, Azolan, espionner chez la Présidente qui a cherché son salut dans la fuite et qui, condamnant sa porte, s'enferme dans une solitude où sa passion désormais pleinement avouée ne fait que s'exacerber (L. 102 et 108). Valmont, qui fait intercepter les lettres de Mme de Tourvel, connaît donc maintenant l'ampleur de son pouvoir ; il ne cherche plus qu'à préparer la manœuvre finale qui consacrera la chute de celle qu'il a séduite ; feignant de vouloir mettre un terme à ses assiduités amoureuses et sous le prétexte de remettre à Mme de Tourvel en personne la correspondance qu'elle lui a adressée, il utilise les bons offices du Père Anselme (L. 120), complice bien involontaire ; grâce à la caution morale de l'homme d'Église, l'ultime entretien est accordé (L. 123) et la Présidente ne doute pas un instant de la sincérité du vicomte (L. 124).

Premières escarmouches

Mme de Merteuil, quand elle apprend la fuite de la Présidente, persifle cruellement Valmont (L. 106), prodigue ses conseils sur un ton supérieur et doctoral (L. 113), marque enfin son indépendance en jetant son dévolu sur Danceny qui répond avec empressement aux avances discrètes qui lui sont faites (L. 116, 118, 121). Le vicomte est irrité par le choix de la marquise (L. 115) ; il sent bien que Mme de Merteuil risque de lui échapper, de ne pas respecter les termes du marché qu'elle a conclu : se livrer à lui dès que la Présidente aura enfin cédé à ses avances. Les deux complices ne tarderont plus à s'affronter à visage découvert.

■■■■ QUATRIÈME PARTIE
LETTRES 125 À 175

La victoire de Valmont

Valmont, une dernière ruse aidant, s'introduit chez Mme de Tourvel ; entré chez elle « en esclave timide et repentant », il en ressort « en vainqueur couronné » (L. 125) ; sa dernière bataille a, en effet, été magistralement livrée et, grâce à sa « pureté de méthode » (L. 125), sa victime finit par s'abandonner : « L'ivresse fut complète et réciproque » (L. 125).

Toutefois, le bonheur de Mme de Tourvel est de courte durée ; pour se persuader qu'il n'aime pas la femme qu'il vient de séduire et surtout pour en administrer la preuve à Mme de Merteuil, le vicomte passe une soirée avec Émilie (L. 138) ; or, dans un embarras de voiture, à la sortie de l'Opéra, Mme de Tourvel surprend Valmont en compagnie de cette fille de petite vertu ; douloureusement touchée, la Présidente refuse de revoir Valmont (L. 135-136) ; cependant, celui-ci réussit à se disculper (L. 137 et 139) et la confiance momentanément perdue lui est rendue.

Les exigences de la marquise

Fort de son succès et conformément à ce qu'elle avait promis (cf. L. 20), le vicomte s'empresse de réclamer à Mme de Merteuil le prix de sa victoire : « ... renvoy[ez] votre pesant Belleroche et laissez là le doucereux Danceny, pour ne vous occuper que de moi » (L. 125) ; mais la marquise se dérobe ; elle ne peut supporter la désinvolture de Valmont qui lui propose de venir recevoir sa récompense tout en poursuivant ses relations avec la Présidente (L. 127) ; elle sursoit donc à leurs retrouvailles et ne cache pas au vicomte qu'elle n'éprouve plus pour lui les mêmes sentiments qu'autrefois ; enfin, elle pique son amour-propre en faisant vaguement allusion à des sacrifices qu'il ne serait pas capable de lui faire (L. 131). Jalouse de Mme de Tourvel et de l'amour qu'elle inspire à Valmont (L. 131), Mme de Merteuil a hâte que le coup de grâce soit porté à sa rivale : elle rédige elle-même une lettre de rupture (L. 141) qu'elle remet au vicomte : « On s'ennuie de tout, mon Ange, c'est une loi de la Nature ; ce n'est pas ma faute. Si donc je m'ennuie aujourd'hui d'une aventure qui m'a occupée entièrement depuis quatre mortels mois, ce n'est pas ma faute... » Espérant reconquérir ainsi les faveurs de sa complice, Valmont n'hésite pas à envoyer le billet fatal à la Présidente ; alors qu'un cri de douleur s'échappe du cœur de Mme de Tourvel (L. 143), la marquise, enivrée par son triomphe, fière de sa vengeance, se découvre d'un grand geste : « Ce n'est pas sur elle [Mme de Tourvel] que j'ai remporté cet avantage ; c'est sur vous » (L. 145) et, sans plus attendre, elle se livre à Danceny (L. 146, 148, 150).

La guerre

C'en est trop. Le vicomte n'est pas homme à se laisser impunément jouer ; il lance un ultimatum : « Je serai votre amant ou votre ennemi » (L. 153) ; Mme de Merteuil choisit : « Hé bien ! la guerre » (L. 153). Dressés face à face, les deux roués s'affrontent ouvertement et se livrent un combat sans merci. Valmont frappe le premier : il rapproche habilement Danceny de Cécile ; le jeune homme fait même faux bond à Mme de Merteuil qui l'attend en vain tout une nuit (L. 155 à 158) ; furieuse, la marquise n'apprécie pas cette « mauvaise plaisanterie » (L. 159) dont elle se venge sur-le-champ : elle dévoile à Danceny le double jeu du vicomte ; le chevalier provoque Valmont en duel (L. 162) ; blessé à mort, le vicomte, avant d'expirer, remet à Danceny les lettres de sa complice (L. 163) ; deux d'entre elles vont circuler et révéler au grand jour la perfidie de la marquise qui achève ici sa sinistre carrière ; évitée par tout le monde, défigurée par la petite vérole (L. 173), ruinée par un procès perdu, Mme de Merteuil prend la fuite en Hollande (L. 175).

Épilogue

Un billet anonyme conseille à Danceny de s'éloigner (L. 167) ; il se fixe à Malte (L. 175). Cécile qui a fait une fausse-couche (L. 140) se réfugie dans un monastère et manifeste le désir d'entrer dans les ordres (L. 170). Enfin, Mme de Tourvel, isolée dans un couvent (L. 144) depuis la terrible lettre de rupture, tombe malade (L. 147, 149, 160, 161) et meurt en apprenant la mort de Valmont (L. 165).

4 Les personnages

■■■ VALMONT

Un cynique sans scrupules

Mme de Volanges, dans la lettre 9, brosse le portrait du vicomte de Valmont : « Encore plus faux et dangereux qu'il n'est aimable et séduisant, jamais, depuis sa plus grande jeunesse, il n'a fait un pas ou dit une parole sans avoir un projet, et jamais il n'eut un projet qui ne fût malhonnête ou criminel. » Mais est-il nécessaire de s'en rapporter à cette description ? La conduite de Valmont envers Cécile et Mme de Tourvel ne suffit-elle pas à mettre en pleine lumière l'attitude, les tendances et les goûts de ce personnage ? Le vicomte est un « méchant » ; il a choisi de faire le mal pour le mal, gratuitement, de le réaliser méthodiquement, avec froideur. Il est d'une grande habileté et ne s'embarrasse d'aucun scrupule quand il s'agit pour lui d'arriver à ses fins ; on se souvient, par exemple, comment il réussit à obtenir subtilement la clef que Cécile tarde à lui remettre, comment il excelle dans l'art de jouer la comédie de la maladie ou du désespoir, comment il parvient à utiliser fort judicieusement les services du Père Anselme pour obtenir de la Présidente un rendez-vous décisif ; on n'a pas oublié non plus qu'il n'hésite pas un instant à entrer dans le lit d'une jeune fille endormie, à fouiller un secrétaire, à regarder par un trou de serrure, à falsifier le cachet de la poste, à intercepter des lettres.

Valmont est-il libre ?

Fier de ses capacités et de ses exploits Valmont se glorifie de sa « pureté de méthode », demande à être jugé « comme Turenne et Frédéric » (L. 125). Il est vrai qu'il fait figure de très avisé stratège du libertinage et qu'il mène avec grande lucidité et incomparable maîtrise la conquête des femmes qu'il a désignées comme victimes. Mais Mme de Merteuil, encore plus perspicace et ingénieuse que lui, nous offre une autre image du vicomte : « ... vous n'avez pas le génie de votre état, lui écrit-elle ; vous n'en savez que ce que vous en avez appris et vous n'inventez rien. Aussi, dès que les circonstances ne se prêtent plus à vos formules d'usage, et qu'il vous faut sortir de la route ordinaire, vous restez court comme un écolier » (L. 106). La marquise est persuadée que Valmont n'est pas aussi libre qu'il l'affirme puisque son libertinage est fondé sur un système de considérations *a priori* incapable de s'adapter à des circonstances imprévues et de mettre en danger une femme qui a l'expérience du monde : « Qu'il est commode d'avoir affaire à vous autres *gens à principes* ! (...) votre marche réglée se devine si facilement ! » (L. 85). Valmont reconnaît d'ailleurs implicitement le bien-fondé des critiques qui lui sont adressées : il fait souvent part de ses difficultés et de son embarras à sa complice et on le voit même recourir en vain à un procédé « ridiculement livresque[1] » pour précipiter les événements et accélérer la conquête de la Présidente : « Depuis huit jours, je repasse inutilement tous les moyens connus, tous ceux des Romans et de mes Mémoires secrets ; je n'en trouve aucun qui convienne, ni aux circonstances de l'aventure, ni au caractère de l'héroïne » (L. 110).

Mais il y a plus encore. On considère parfois, Roger Vailland par exemple[2], que « le choix » constitue la première figure du ballet libertin. Or, Valmont, à proprement parler, ne choisit jamais les femmes qui doivent entretenir des relations avec lui. La vicomtesse de M... est une ancienne maîtresse et il n'y a guère de mérite à renouer avec elle ; Émilie est une fille de joie : il n'y a pas à la séduire ; Cécile lui est apportée par l'occasion et elle tombe dans un piège préparé par Mme de Merteuil. En dépit des apparences, Valmont jouit donc d'une liberté et d'une autonomie relativement limitées. Il ne s'agit même plus, avec Mme de Tourvel, de pur libertinage puisque le choix du vicomte n'est pas gratuit et qu'il est soumis au déterminisme de l'affectivité.

1. H. Coulet, *Le roman jusqu'à la Révolution* (A. Colin, 1967, p. 474).
2. Cf. *op. cit.*

Un libertin pris
au piège de l'amour

En effet, en présence de la Présidente, notre roué est en proie à un sentiment qu'il ne peut plus dominer : « Je n'ai plus qu'une idée ; j'y pense le jour, et y rêve la nuit, s'écrie-t-il. J'ai besoin d'avoir cette femme, pour me sauver du ridicule d'en être amoureux » (L. 4). Tout au long de sa tentative de séduction sur Mme de Tourvel, Valmont n'est pas absolument maître de lui ; il doit sans cesse lutter contre les éléments irrationnels et instinctifs qui le menacent en permanence. C'est en face de Mme de Merteuil qu'il prend conscience de cette tentation, de ce retour en force du sentiment au moment même où il s'en croit libéré. Valmont en face de la marquise, c'est Valmont en face de lui-même et de sa conscience de libertin. Dès la lettre 10, Mme de Merteuil a posé son diagnostic : « Vous êtes amoureux » et le vicomte de le reconnaître : « En effet, si c'est être amoureux que de ne pouvoir vivre sans posséder ce qu'on désire, y sacrifier son temps, ses plaisirs, sa vie, je suis bien réellement amoureux » (L. 15). Au fond, il y a deux forces antagonistes qui s'affrontent chez ce personnage : le libertinage froid et calculateur auquel s'oppose la douce émotion de l'amour engendré par Mme de Tourvel. Aussi, plus Valmont réalisera le poids et la gravité de la tentation, plus se développera en lui la force de réaction ; chaque fois que les faiblesses du sentiment risquent de s'imposer, outre l'examen de conscience et l'antidote à l'amour que sont pour lui les lettres qu'il adresse à Mme de Merteuil, le vicomte met en œuvre des procédés libertins ; la lettre faussement timbrée de Dijon, la première entrevue avec Émilie et la lettre écrite au lit sur le dos de la danseuse, la séduction de Cécile, la deuxième rencontre avec Émilie constituent pour lui autant de thérapeutiques qui l'aident à combattre les influences incontrôlées du cœur.

Que faut-il alors penser de l'affirmation qu'on peut lire à la première ligne de la lettre 138 : « Non, je ne suis point amoureux » ? Quelle est la nature véritable du sentiment de Valmont ? L'amour qu'il essaie de feindre et dont il tente de reproduire artificiellement le ton dans les lettres qu'il adresse à la Présidente n'est évidemment pas celui qu'il éprouve ; pas de passion totale et exclusive chez lui ; pas d'embrasement fulgurant de l'être comme chez Saint-Preux ou Des Grieux. Ce qui l'attire chez Mᵐᵉ de Tourvel, c'est le charme qui émane de toute sa personne, c'est quelque chose d'indicible dont la vraie nature échappe à sa lucidité. Naturel, franchise, grâce spontanée, pureté naïve, autant de qualités qui apparaissent à la lecture du portrait que Valmont brosse de la Présidente dès la lettre 6. Mᵐᵉ de Tourvel répugne aux artifices, aux duplicités du cœur et des sentiments ; elle est la vivante antithèse des créatures hypocrites et fausses que Valmont rencontre habituellement ; « pour être adorable, il lui suffit d'être elle-même » (L. 6). Le charme de Mᵐᵉ de Tourvel c'est donc celui du premier mouvement irraisonné et instinctif, celui qui suscite des émotions nouvelles et délicieuses, celui qui régénère, rend à l'âme sa fraîcheur et sa splendeur premières : « Vous le dirai-je ? Je croyais mon cœur flétri, et ne me trouvant plus que des sens, je me plaignais d'une vieillesse prématurée. Mᵐᵉ de Tourvel m'a rendu les charmantes illusions de la jeunesse » (L. 6).

Valmont aime-t-il vraiment ?

Toutefois, l'amour du vicomte pour la Présidente est d'une nature bien particulière. Il n'aime pas dans la mesure où ce terme implique un engagement de la personne, une participation volontaire et active de l'individu ; on ferait mieux de dire qu'*il est amoureux*, qu'il subit passivement le sentiment. Ce n'est pas de Mᵐᵉ de Tourvel que Valmont est épris, mais de ce qu'elle incarne, de ce qu'elle représente et symbolise. « C'est l'univers de Mᵐᵉ de Tourvel, aux antipodes de son univers, de l'univers de la marquise, qui le tente. Le froid logicien qui a voulu organiser sa vie selon les règles d'une psychologie mécaniste et sensualiste, l'idéologue, entrevoit des régions inexplorées dont son regard ne soupçonnait même pas l'existence. D'où cette curiosité, mais une curiosité inquiète, ces hésitations quand il faut s'engager dans les avenues d'un nouveau monde, où rien n'obéit plus aux lois de la méthode, où les lumières s'estompent, où l'ordre se défait — le monde des brumes d'Ossian, des orages de *René* ; c'est bien devant ce monde nouveau du romantisme, qui se fondera sur les valeurs du sentiment, que Valmont recule[1]. »

En subissant le charme de Mᵐᵉ de Tourvel, Valmont est

---

1. A. et Y. Delmas, *op. cit.*, p. 391-392.

tombé dans la faute capitale que la marquise et lui-même reprochent aux autres. Entraîné par le sentiment, il perd sa lucidité, son sens critique ; il n'assume plus la responsabilité de ses actes et devient l'esclave du hasard ; Mme de Merteuil le lui dit nettement et dissipe définitivement les illusions qu'il tente encore de faire valoir : « C'est de l'amour ou il n'en exista jamais : vous le niez bien de cent façons ; mais vous le prouvez de mille. (...) votre cœur abuse votre esprit » (L. 134). Mis en face de l'évidence, le vicomte sacrifie Mme de Tourvel : il tente de tuer l'amour ; mais, plus que la vanité, l'orgueil ou le désir de nuire, c'est vraisemblablement la volonté de rester fidèle à soi-même et d'aller jusqu'au bout de ses pensées sans se trahir qui explique ce geste. Valmont tue Mme de Tourvel pour sauver ce qu'il croit être la meilleure part de lui-même. Néanmoins, le sentiment tout-puissant survit à l'immolation de la Présidente : Valmont forme le projet de renouer avec sa victime (L. 144), mais Mme de Merteuil refuse avec hauteur pareil compromis et c'est alors que commence la lutte à visage découvert entre le vicomte et la marquise.

▆▆▆▆▆▆ LE COUPLE VALMONT-MERTEUIL

Histoire d'une étrange amitié

Étudier les rapports et les liens entre Valmont et Mme de Merteuil, c'est en arriver à ce qui constitue peut-être l'essentiel des *Liaisons dangereuses*. Mais, faute de références, d'exemples plus connus ou plus faciles, il est assez malaisé de comprendre, sans en donner une image fausse et trompeuse, la nature de l'association Valmont-Merteuil. D'ailleurs — sans doute par une habileté de plus — Laclos ne nous aide guère à découvrir le secret de cette complicité. En effet, les deux protagonistes, toujours préoccupés par quelque nouveau projet, ne considèrent que très rarement leur passé et expliquent ainsi fort confusément les origines de leur liaison. La marquise, cependant, dans la lettre 81, nous livre une confidence : « Rappelez-vous le temps où vous me rendîtes vos premiers soins : jamais hommage ne me flatta autant ; je vous désirais avant de vous avoir vu. Séduite par votre réputation, il me semblait que vous manquiez à ma gloire ; je brûlais de vous combattre corps à corps. » À la source même de leur rencontre, c'est en termes de désir et de rivalité que Mme de Merteuil définit la nature du lien qui l'unit à Valmont ; elle est satisfaite d'avoir découvert un partenaire digne d'elle avec lequel elle pourra lutter d'égal à égal. Cependant, quand s'ouvre le roman, les deux héros ne sont plus amants et à la volonté que Valmont manifeste parfois de renouer (cf. L. 15, 57, 99), la marquise oppose la ferme intention d'en rester à l'amitié ; elle ne refuse pourtant pas catégoriquement l'idée d'un « renouvellement de bail » (L. 20), mais elle pose ses conditions : « Aussitôt que vous aurez eu votre belle dévote, que vous pourrez m'en fournir une preuve, venez et je suis à vous » (L. 20). Elle veut manifestement mettre le vicomte à l'épreuve, aiguiser son amour-propre en s'offrant comme récompense et le contraindre à séduire Mme de Tourvel le plus rapidement possible.

Ainsi Mme de Merteuil ne cède jamais au désir de Valmont et refuse toujours de redevenir sa maîtresse ; elle ne fait d'ailleurs en cela que respecter les termes d'un pacte qu'ils ont conclu « si gaiement », l'un et l'autre, autrefois, sur la fameuse ottomane de la petite maison (L. 10). Les clauses de ce pacte « d'éternelle rupture » ne sont pas précisées, mais on devine bien en quoi elles consistent et ce qu'elles peuvent stipuler. Les amants ont trouvé l'accord parfait dans le désir et le plaisir ; ils ont connu l'absolu de l'amour physique et du bonheur sensuel qu'ils ont su débarrasser des illusions de l'affectivité. L'union des deux héros a atteint un sommet paroxystique au-delà duquel il n'y a plus rien à découvrir[1] ; le champ du possible a été exploité de fond en comble, le libertinage poussé jusqu'à son point suprême ; toute possibilité de dépassement devient alors impossible ; on ne peut plus aller au-delà de soi-même, former d'autres projets, nourrir d'autres intentions ; la volonté risque de se perdre, l'instinct de conquête et de puissance de disparaître. Valmont et Merteuil ne peuvent accepter cette perspective ; ils ne peuvent vivre qu'en refusant la stabilité et qu'en remettant sans cesse en cause la maîtrise qu'ils exercent sur eux-mêmes et sur les autres : « De plus grands intérêts nous

---

1. Dans les lettres 115, 129 et 133, Valmont fait allusion à la qualité et à l'intensité exceptionnelles des jouissances qu'il a partagées avec la marquise.

appellent ; conquérir est notre destin, il faut le suivre » (L. 4).
« Ne perdons pas ensemble, s'écrie la marquise, le temps que
nous pouvons si bien employer ailleurs » (L. 131). D'amants, ils
deviendront amis.

Les implacables rivaux

Cette amitié n'établit pourtant pas entre eux une égalité et,
en fait, un véritable conflit d'influence, une rivalité impitoyable
ne tardent pas à se manifester. Laclos, au seuil de son roman,
a tout fait pour que soit donné le ton des rapports entre les
deux complices. Écoutons la marquise : « Revenez, mon cher
vicomte, revenez... Partez sur-le-champ ; j'ai besoin de vous. Il
m'est venu une excellente idée et je veux bien vous en confier
l'exécution. » (L. 2) Ce style impératif, cette espèce de condes-
cendance montrent bien que, dès le début de l'intrigue, c'est la
marquise qui est à la tête du couple ; elle veut diriger, comman-
der, tout orchestrer, prendre la direction des opérations. Valmont n'est qu'un exécutant et il en a conscience : « Donnez-
moi les réclames de mon rôle », lui écrit-il (L. 59) ; et ailleurs :
« Adieu, ma belle amie, je pars demain. Si vous avez des ordres
à me donner (...) faites-moi passer vos sublimes instructions. »
(L. 70) Mme de Merteuil ne perd jamais une occasion d'affirmer
sa supériorité, de se faire valoir à son avantage : « Que vous
êtes heureux de m'avoir pour amie ! Je suis pour vous une fée
bienfaisante. » (L. 85) ; quand elle trace le portrait de son
complice, elle ne s'embarrasse pas d'égards et n'hésite pas à
dire tout ce qu'elle pense : « Une belle figure, pur effet du
hasard ; des grâces, que l'usage donne presque toujours ; de
l'esprit, à la vérité, mais auquel du jargon suppléerait au besoin ;
une impudence assez louable, mais peut-être due à la facilité
de vos premiers succès ; si je ne me trompe, voilà tous vos
moyens » (L. 81).

La rivalité Merteuil - Valmont, tel est donc le véritable argument des *Liaisons dangereuses*. La guerre que les associés de
la première heure finiront par se déclarer et se faire sans merci
trouve ses origines lointaines dans les premières algarades. Le
vicomte, à peine le roman commencé, ne s'écrie-t-il pas,
indigné : « Vous ne craignez pas de m'attaquer dans l'objet de
mes affections ! (...) Quel homme n'eût point payé de sa vie
cette insolente audace ? » (L. 6). Valmont a refusé d'obtempérer

aux ordres de sa complice, d'abandonner ses vues sur la Présidente et de séduire la jeune Cécile ; dépitée, la marquise le raille de sa « ridicule aventure » (L. 113) et le vicomte finit par constater que leur ancienne union commence à se défaire : « Nous ne sommes plus de même avis sur rien » (L. 115). Mme de Merteuil vient d'ailleurs de congédier le trop empressé Belleroche, ce « manœuvre d'amour » (L. 113), et de le remplacer par Danceny ; Valmont, bien entendu, est piqué au vif et désapprouve ce choix : « Laissez là le doucereux Danceny pour ne vous occuper que de moi » (L. 125). Même après avoir appris (L. 125), que Mme de Tourvel avait enfin cédé à Valmont, la marquise, contrairement à ses engagements, refuse « [d'attendre] à [son] tour, en esclave soumise, les sublimes faveurs » (L. 127) du vicomte et s'obstine à prendre Danceny pour amant. La montée des périls a beau être inquiétante, il n'empêche que Valmont n'hésite pas à se livrer : « Dites seulement un mot, et vous verrez si tous les charmes et tous les attachements me retiennent ici, non pas un jour, mais une minute. Je volerai à vos pieds et dans vos bras et je vous prouverai, mille fois et de mille manières, que vous êtes, que vous serez toujours la véritable souveraine de mon cœur » (L. 129).

La défaite du vicomte

À la suite de cette déclaration, la quiétude semble provisoirement revenue, mais Mme de Merteuil fait remarquer qu'elle n'a pas reçu la preuve écrite de la victoire du vicomte sur Mme de Tourvel : « la première lettre de la céleste prude » (L. 131), condition du marché précédemment conclu. Néanmoins, elle exigera davantage encore avant de se livrer à Valmont qui vient pourtant de tromper la Présidente avec Émilie et montrer par là même à sa rivale qu'il n'est pas amoureux, quoi qu'elle en dise. Surpris et fâché d'une réponse qu'il attendait et qui ne vient pas, le vicomte, dans la lettre 140, annonce sa réconciliation avec Mme de Tourvel, fait le récit de la fausse-couche de Cécile et conclut par ces mots : « Mais y a-t-il encore quelque intérêt commun entre vous et moi ? Votre silence m'en ferait douter (...) je vous embrasse, rancune tenante. » Cette fois, la riposte de la marquise ne se fait pas attendre ; elle ne se contente pas d'exprimer son mécontentement et sa mauvaise humeur : elle menace Valmont de le « livrer au public en [l'] état d'ivresse »

où il est et de « rendre ainsi son ridicule ineffaçable » (L. 141) ;
enfin, elle lui dicte la fameuse lettre de rupture qu'elle a rédigée
à son intention pour Mme de Tourvel : « On s'ennuie de tout,
mon Ange, c'est une loi de la Nature ; ce n'est pas ma faute »
(L. 141). Les menaces ont été efficaces ; Valmont capitule :
« J'attends tout de vos bontés » (L. 142) et envoie la terrible
missive à la Présidente. Mme de Merteuil laisse alors exploser
sa joie : « Sérieusement, vicomte, vous avez quitté la Présidente ? Vous lui avez envoyé la lettre que je vous avais faite
pour elle ? (...) J'avoue de bonne foi que ce triomphe me flatte
plus que tous ceux que j'ai pu obtenir jusqu'à présent (...) ce
n'est pas sur elle [Mme de Tourvel] que j'ai remporté cet avantage ; c'est sur vous : voilà le plaisant, et ce qui est vraiment
délicieux » (L. 145).

Les ultimes algarades

Désormais les hostilités paraissent inévitables ; les ennemis
sont face à face, mais ils n'ont pas encore choisi de lutter à
visage découvert. Ils vont s'essayer à la ruse, aux armes
déloyales de la mauvaise foi. Valmont, dans la lettre 144, propose à Mme de Merteuil d'accepter qu'il se réconcilie avec la
Présidente : « Je pourrais essayer cette démarche sans y
mettre d'importance ; et par conséquent, sans qu'elle vous don-
nât d'ombrage. Au contraire, ce serait un simple essai que nous
ferions de concert ; et quand même je réussirais, ce ne serait
qu'un moyen de plus de renouveler, à votre volonté, un sacrifice
qui a paru vous être agréable. » La marquise se doute immédiatement du piège et comprend fort bien que Valmont tente
de sauver celle qui lui a fait découvrir ce « charme inconnu »
dont il a été question tout à l'heure : « J'admire (...) avec quelle
finesse ou quelle gaucherie vous me proposez en douceur de
vous laisser renouer avec la présidente » (L. 145). Mme de Merteuil, de son côté, travaille aussi dans l'ombre, cache profondément ses intentions. Le 29 novembre, elle écrit au vicomte :
« Ne doutez pas que dès que je serai arrivée à Paris, vous n'en
soyez le premier informé » (L. 145). Le même jour, elle envoie
ces lignes à Danceny : « ... demain au soir, je serai de retour à
Paris... je vous demande le secret sur mon arrivée. Valmont
même n'en sera pas instruit » (L. 146). Le vicomte n'est pas
dupe des mensonges qui lui sont adressés ; il se rend chez la

marquise, la trouve en compagnie de Danceny et passe à son tour aux menaces : « Nous nous connaissons tous deux, marquise, ce mot doit vous suffire (...) Surtout, plus de Danceny » (L. 151). La riposte ne se fait pas attendre : « ... si vous me faisiez une noirceur, il me serait impossible de vous la rendre (...). Au fait, qu'auriez-vous à redouter ? d'être obligé de partir, si on vous en donnait le temps (...) Tout ce que je peux donc répondre à votre menaçante lettre, c'est qu'elle n'a eu ni le don de me plaire, ni le pouvoir de m'intimider ; et que pour le moment, je suis on ne peut pas moins disposée à vous accorder vos demandes » (L. 152). À partir de cet instant, les événements se précipitent : les rivaux se déclarent ouvertement la guerre (L. 153) et mènent au grand jour un implacable combat qui les anéantira tous deux. (Cf. le résumé, chapitre 3, p. 26, pour les péripéties de cette lutte finale.)

Mme de Merteuil est-elle jalouse ?

Il reste maintenant à comprendre pourquoi les personnages de ce drame ont pu passer de l'alliance qui les unissait primitivement à la guerre qui les a déchirés puis tués l'un et l'autre. On a déjà vu comment l'émulation dans les conquêtes avait stimulé puis exacerbé chez les deux amis le sens et le goût de la rivalité, comment la marquise, infatuée de sa supériorité, était en fait incapable de ménager l'amour-propre et la susceptibilité de son complice ; mais ces constatations ne suffisent pas à mettre en lumière les éléments cachés qui déterminent la psychologie des personnages. On fait donc traditionnellement appel, pour expliquer les réactions de Mme de Merteuil, à l'un des plus puissants ressorts psychologiques : la jalousie. On peut retenir ce terme, mais il convient d'en préciser le sens. Ce n'est pas sur le plan physique que la marquise est jalouse puisque le pacte qu'elle a passé avec Valmont consiste précisément à ce qu'il séduise et possède le plus grand nombre possible de femmes ; serait-ce alors sur le plan sentimental que Mme de Merteuil éprouverait la jalousie ? Trahirait-elle par là un sentiment qu'elle réprouve, mais qu'elle ne peut s'empêcher de subir ? Dans ce cas, la jalousie serait une preuve d'amour. Cette hypothèse est-elle vraisemblable ? Il ne le semble pas. En effet, chaque fois qu'apparaît chez elle une manifestation de la jalousie, elle se donne comme une réaction d'amour-propre.

La marquise ne peut supporter l'existence d'une rivale parce qu'elle se refuse à être comparée aux autres ; elle se veut singulière, unique, inimitable ; en fin de compte, sa jalousie s'explique par son orgueil ; c'est ce que confirment bon nombre de ses propos : « Je n'ai pas oublié que cette femme était ma rivale, que vous l'avez trouvée un moment préférable à moi, et qu'enfin vous m'aviez placée en dessous d'elle » (L. 145) ; « Cette rare, cette étonnante Mme de Tourvel n'est en réalité qu'une femme ordinaire » (L. 134) ; ce que Mme de Merteuil ne peut tolérer, c'est d'être placée au second rang, d'être reléguée dans l'ombre et dans la grisaille où elle risque de se confondre indistinctement avec les autres représentants de son sexe. La jalousie de la marquise n'a pas son origine dans le sentiment, mais dans *l'idée*, l'idée que Valmont peut lui préférer un autre être. Céder aux sollicitations du vicomte quand il veut rompre le « pacte d'éternelle rupture » reviendrait, pour elle, à être mise sur un pied d'égalité avec la Présidente, ce qu'elle ne peut évidemment pas souffrir.

Le narcissisme de la marquise

L'orgueil et la jalousie n'expliquent pas tout. Les réticences, les refus de Mme de Merteuil ont des racines plus profondes. Quand elle a rencontré Valmont et en a fait l'associé de ses projets, elle avait découvert en lui des qualités et des dispositions semblables aux siennes ; elle envisageait, à cette époque, de créer un couple d'un type très neuf, où chaque partenaire pourrait retrouver en l'autre, non son contraire ou son complément, comme à l'ordinaire, mais son double, l'image la plus parfaite de soi-même. Il y a chez la marquise une très nette tentation narcissique et c'est peut-être là qu'il faut chercher l'origine de son comportement et de ses réactions en face du vicomte. Avant de connaître Valmont, Mme de Merteuil était seule à pouvoir apprécier sa valeur et ses actes ; elle n'était *reconnue* que par elle-même ; à la conscience aiguë qu'elle avait de soi manquait pourtant la présence d'un autre, le miroir d'un autre moi où elle aurait pu se regarder vivre et se sentir pleinement exister ; son entourage ne voyait d'elle alors qu'une apparence, qu'une image fallacieuse ; pour s'assurer de son visage secret, de son être intime et authentique, la marquise a besoin du vicomte où elle trouve son reflet en accédant à la véritable connaissance de soi. Tant que Valmont sera fidèle à l'idée qu'elle se fait de lui, tout risque de conflit entre les deux complices est impossible ; en revanche, dès que le vicomte subit la tentation du sentiment, dès qu'il trahit les principes du pur libertinage, dès qu'il n'est plus conforme à son double, dès qu'elle ne peut plus se reconnaître en lui, la lutte et l'affrontement deviennent inévitables.

■■■■■ MADAME DE MERTEUIL

La lettre 81

Supérieure à Valmont, plus énergique que lui (on serait tenté de dire plus virile), elle est le personnage clef, la plus fascinante figure du roman. On ne peut mieux faire, pour comprendre l'attitude de cette héroïne, que de se reporter à la fameuse lettre 81 ; abandonnant momentanément masques et artifices, ruses et mensonges, Mme de Merteuil s'y livre tout entière sous la forme d'une confession autobiographique.

Dès son enfance, à peine entrée dans le monde, elle découvre des règles et des principes qui ne doivent rien au hasard ni à l'habitude ; elle pratique l'observation et la réflexion systématiques : « Tandis qu'on me croyait distraite ou étourdie, écoutant peu à la vérité les discours qu'on s'empressait de me tenir, je recueillais avec soin ceux qu'on cherchait à me cacher » (L. 81). Cette curiosité toujours en éveil, en stimulant son activité intellectuelle, pousse Mme de Merteuil à dissimuler pour échapper à l'attention des autres qui peuvent troubler, en s'y opposant, le libre exercice de son intelligence : « Forcée souvent de cacher les objets de mon attention aux yeux qui m'entouraient, j'essayai de guider les miens à mon gré (...). Encouragée par ce premier succès, je tâchai de régler de même les divers mouvements de ma figure. Ressentais-je quelque chagrin, je m'étudiais à prendre l'air de la sécurité, même celui de la joie » (L. 81) ; en exerçant sa volonté et en apprenant à se dominer, la marquise devient peu à peu maîtresse de son activité et de son émotivité ; elle réussit à créer en elle des automatismes qui libèrent insensiblement le fonctionnement de son esprit. Elle est encore jeune fille quand elle ressent déjà l'impérieux besoin de préserver son intégrité, son absolue liberté intérieure : « Je n'avais à moi que ma pensée, et je m'indignais qu'on pût me la ravir ou me la surprendre contre ma volonté » (L. 81). Une telle éducation ne tarde pas à porter ses fruits : « Je n'avais pas quinze ans, écrit la marquise, je possédais déjà des talents auxquels la plus grande partie de nos politiques doivent leur réputation, et je ne me trouvais encore qu'aux premiers éléments de la science que je voulais acquérir » (L. 81).

Il s'agit désormais de mettre les principes à l'épreuve des faits. L'amour servira de champ d'expérience ; Mme de Merteuil en ignore encore tout et elle décide d'obtenir des précisions de son confesseur en s'accusant « d'avoir fait tout ce que font les femmes » ; aux reproches du bon Père, elle conclut que « le plaisir devait être extrême ; et au désir de le connaître succéda celui de le goûter » (L. 81). Ainsi le mariage, la nuit de noces surtout, constituent pour Mme de Merteuil « une occasion d'expérience » (L. 81) : « Douleur et plaisir, écrit-elle, j'observai tout exactement et ne voyais dans ces différentes sensations que des faits à recueillir et à méditer » (L. 81). Cet événement est donc dépouillé de toute affectivité et la jeune femme a déjà un empire si grand sur son corps et ses instincts qu'elle parvient à ne jamais manifester sa jouissance et à ne donner par là même aucune prise sur elle à son mari ; elle pose alors comme un postulat la dissociation de l'amour et du plaisir : « L'amour qu'on nous vante comme la cause de nos plaisirs n'en est au plus que le prétexte » (L. 81).

Devenue veuve, éprise plus que jamais d'indépendance et de liberté, elle refuse d'entrer au couvent ou de vivre avec sa mère ; elle profite de cette circonstance pour perfectionner son système : « J'étudiai nos mœurs dans les romans, nos opinions dans les philosophes ; je cherchai même dans les moralistes les plus sévères ce qu'ils exigeaient de nous, et je m'assurai ainsi de ce qu'on pouvait faire, de ce qu'on devait penser, et de ce qu'il fallait paraître » (L. 81). Après avoir feint avec un égal succès l'inconséquence et la pruderie, après être ainsi arrivée à se concilier et les femmes les plus vertueuses et les hommes les plus licencieux, après avoir établi son pouvoir sur les autres, Mme de Merteuil est maintenant prête « à déployer sur le grand théâtre les talents qu'[elle s'] étai[t] donnés » (L. 81).

Elle vit dès lors très librement, multiplie les aventures, mais il s'agit surtout pour elle, sans pour autant perdre sa réputation et son renom d'« invincible », d'exercer son pouvoir sur les hommes en leur faisant subir le sort qu'ils réservent habituellement aux femmes. Ce double jeu ne saurait évidemment réussir s'il n'était secondé par une technique sans défaut et garanti par la mise en œuvre d'une série de règles pratiques indispensables qui ont essentiellement pour objet d'éliminer le hasard et les impondérables : précipiter les préparatifs d'une liaison qu'on remarque d'autant plus qu'elle tarde à se former ; éviter de rencontrer en public l'amant préféré, n'accepter les hommages que de ceux auxquels on ne cédera pas et se « procurer ainsi les honneurs de la résistance » (L. 81) ; ne jamais écrire, ne jamais laisser aucune preuve de sa défaite ; tâcher de rendre infidèles les amants qu'on veut quitter ; s'assurer du silence de ses victimes en s'informant de leurs secrets et en gardant toujours la possibilité de les paralyser en usant contre eux des armes du chantage ; enfin, faire appel sans scrupule à l'opinion publique quand on risque d'être compromis.

Une démarche rationnelle

Ce que recherche avant tout Mme de Merteuil, c'est la puissance et elle a très rapidement compris qu'elle ne pourrait satisfaire ce goût inné du pouvoir qu'en accédant à la maîtrise absolue de soi, qu'en étudiant les mécanismes de la psychologie humaine, qu'en apprenant à dissimuler et qu'en s'appliquant à toujours conserver une vue exacte des difficultés à résoudre. Autant dire qu'elle fait essentiellement confiance à l'efficacité de l'esprit et qu'elle ne se nourrit pas des fantasmes de l'imaginaire ; elle s'appuie sur la raison, ne se livre jamais aux forces obscures et incontrôlées de l'intuition. Toutefois, la démarche qui la conduit ne procède jamais par a priori et les principes qui déterminent ses actes sont toujours susceptibles d'être modifiés par l'expérience ; attentive aux événements, Mme de Merteuil n'agit pas en fonction d'une stratégie immuable, mais elle associe sans cesse l'observation critique au déroulement des faits ; elle élabore sa méthode en se référant aux circonstances et ne bâtit rien dans l'absolu.

Chez Mme de Merteuil, l'intelligence est reine. La supériorité de son esprit éclate dans le ton de ses lettres, dans ce qu'il a de vif, de dynamique, d'enjoué ; des trois principaux personnages du roman, c'est elle qui écrit le moins (27 lettres), mais le lecteur garde de sa correspondance le souvenir le plus durable ; il n'y a pas un texte de sa main qui soit faible ou d'intérêt secondaire. Laclos a nettement favorisé cette héroïne dont il veut manifestement faire un portrait exemplaire. Qu'il s'agisse de prendre un amant ou de le quitter (Danceny ou Belleroche) sans qu'il se doute un instant des mœurs réelles de sa maîtresse ; qu'il s'agisse, dans le même temps et dans un même mouvement, de pervertir la jeune Cécile, de brusquer l'intrigue avec Danceny, de jouer auprès de Mme de Volanges le rôle d'une amie intime et vertueuse, enfin de rendre service à Valmont (cf. L. 63), la marquise se surpasse et fait preuve d'une incomparable maîtrise.

Un épisode du roman semble particulièrement fait pour mettre en valeur l'intelligence et la maestria de Mme de Merteuil : l'aventure avec Prévan. On aurait tort de croire qu'il s'agit là d'une intrigue dans l'intrigue ; en effet, ce n'est pas un hasard si Valmont insiste sur l'habileté de Prévan et s'il narre en détail son exploit le plus célèbre : « L'histoire des inséparables » (L. 79) ; les infortunes de Prévan apparaissent ainsi comme un double et éclatant succès que la marquise remporte sur ce séducteur et sur Valmont. Ici (L. 85), la subtilité de Mme de Merteuil atteint les sommets et sa science se révèle sans défaut. L'affaire offre un risque important étant donné l'habileté et la personnalité de Prévan ; la moindre erreur, la moindre faille ou le moindre contretemps dans la combinaison et l'agencement de l'entreprise peuvent tout faire échouer. L'opération est particulièrement difficile puisqu'il s'agit de rendre les apparences plus vraies que la réalité, de transformer une série d'avances dangereuses (elles sont faites en public par une femme) en autant de preuves d'innocence ; enfin, chaque calcul doit être à double ou à triple effet. Dans ce jeu périlleux et subtil, Mme de Merteuil met en œuvre d'infaillibles manœuvres qui en viennent à nier le hasard et la liberté d'autrui. Pas un propos, pas un geste de Prévan, qui n'ait été attendu et qui ne soit effectivement prononcé ou exécuté le moment venu.

La supériorité de la marquise sur le vicomte

Néanmoins, c'est dans le combat qui va l'opposer à Valmont que Mme de Merteuil fera incontestablement la preuve de son extraordinaire habileté. Ici, la partie est encore plus délicate puisque la rouerie ne s'attaque plus à l'innocence ou à la vertu, mais à une autre rouerie, puisqu'il n'y a plus de masques et que les adversaires vont s'affronter à visage découvert. On sait déjà que, dans cette rivalité, la marquise dépasse de loin son complice. Elle est d'abord plus lucide que lui : elle seule se rend compte du danger qu'il y aurait pour eux à renouer ; elle seule s'aperçoit de l'espèce de fatalité que constituent leurs caractères, leurs conceptions et leur complicité passée. Mais c'est surtout dans la lutte qu'elle mène son jeu avec une supériorité évidente ; on se souvient avec quelle virtuosité elle utilise la provocation, la coquetterie, la sincérité, les réticences, les refus et le persiflage. L'ingéniosité qu'elle déploie pour pousser Valmont à envoyer à Mme de Tourvel la lettre de rupture prouve bien, s'il le fallait encore, l'excellence de son intelligence. L'adresse de Mme de Merteuil consiste à enfermer le vicomte dans ses principes et dans son rôle, à le persuader insidieusement qu'il doit sacrifier la Présidente s'il veut reste fidèle à soi-même, s'il veut conserver sa maîtrise et sa liberté. La marquise a su dominer les événements, garder l'initiative, se réserver jusqu'au bout la possibilité de choisir entre la réconciliation et la guerre ; enfin, le fait qu'il ne dépende que d'elle de récompenser Valmont ou de se dérober, alors que le vicomte n'a plus aucune prise sur elle, suffit à faire éclater la force incomparable de sa stratégie.

Une éthique de la liberté

Il convient de se demander maintenant quel est le but poursuivi avec tant d'acharnement et de ténacité par Mme de Merteuil. Le plaisir, sans doute : quelques allusions de Valmont, les confidences de la marquise elle-même sur la « fantaisie » qu'elle veut satisfaire avec Prévan (L. 74) et sur les qualités qu'elle goûte chez Belleroche (L. 10) attestent l'importance qu'elle accorde à la jouissance amoureuse. Toutefois, les émois de la volupté ne lui suffisent pas : elle méprise Cécile qui n'est à ses yeux qu'une « machine à plaisir » (L. 106) et elle se lasse de Belleroche qui n'est plus qu'un « manœuvre d'amour » (L. 113). Que recherche-t-elle donc ? La liberté. Mme de Merteuil refuse la dépendance qui rive toute femme à l'homme et elle tente de s'arracher à pareille servitude ; elle a compris qu'elle ne pourrait faire son bonheur qu'à ce prix, qu'elle ne pourrait parvenir à la complète réalisation de soi qu'en s'imposant par le libertinage à la volonté d'autrui, qu'en faisant des hommes le jouet de ses caprices et de ses fantaisies. Elle estime pouvoir par là dominer son destin et conquérir la plénitude de son libre arbitre.

Cependant, la marquise n'a vraisemblablement pas atteint l'autonomie totale qu'on lui accorde d'ordinaire. Les amants qu'elle congédie la croient vertueuse ; ils sont dupes de son double jeu. Mme de Merteuil est considérée pour ce qu'elle n'est pas, pour ce qui n'est pour elle qu'asservissement, qu'intolérable sujétion ; or, l'idée qu'elle se fait de la liberté exige qu'elle fasse reconnaître par ceux qu'elle a asservis la liberté qu'elle s'est donnée. « Toute libre qu'elle soit, écrit Henri Coulet, elle en est à elle-même le seul témoin et le seul juge : sa certitude ne se distingue plus dès lors d'une illusion ; il lui faudrait des victimes qui fussent en même temps des complices (...) S'il prétend être parfait, le libertinage de Mme de Merteuil est strictement impossible : secret, il est frustré de la reconnaissance qui le fonde ; reconnu, il est accablé par le mépris sincère ou hypocrite de toute la société (...) Mme de Merteuil est bien réellement libertine, mais beaucoup moins parfaitement qu'elle ne le croit[1]... »

MADAME DE TOURVEL

Une sensibilité exacerbée

On ne peut imaginer un type psychologique plus opposé à Mme de Merteuil que le personnage de Mme de Tourvel. La marquise s'appuie essentiellement sur la lucidité de son esprit ; c'est l'observation, la pensée claire et l'objectivité qui la conduisent à la connaissance ; au contraire, l'univers mental de la Présidente est dominé par l'affectivité et la subjectivité ; c'est grâce au sentiment et à l'émotion qu'elle entre en relation avec autrui. *Expérience, réflexion, volonté, étude* sont les mots clefs par lesquels s'exprime ordinairement Mme de Merteuil ; en revanche, en face de cette froide faculté d'analyse, Mme de Tourvel se contente d'éprouver et de sentir.

---

1. *Op. cit.*, p. 477.

La Présidente ne se détermine pas à agir en fonction de la réflexion, de l'examen attentif des faits ; elle ne cherche pas à découvrir les mécanismes cohérents des événements. Ce qui serait immanquablement rejeté par toute intelligence raisonnable devient pour elle vérité éclatante ; Mme de Tourvel est prompte à suivre les intuitions de son cœur. Ainsi, devant le premier problème important qu'elle ait à résoudre — pourquoi Valmont, dont la réputation est si scandaleuse, a-t-il été charitable ? (L. 21) — la Présidente ne réfléchit pas, ne pèse pas le pour et le contre ; elle fait appel aux certitudes de la foi ; sa subjectivité modifie le monde et les êtres ; en proie à une vive agitation intérieure, elle transforme (L. 22) la perspective réelle que Mme de Volanges lui indiquait : celle d'un Valmont fourbe et hypocrite ; elle se refuse à l'analyse précise des circonstances et, sous le coup de l'émotion, elle envisage toute chose sous un jour différent ; elle situe Valmont dans une autre existence, dans un autre monde. Cette transfiguration s'effectue d'ailleurs par étapes successives, sous l'impulsion irrésistible et incontrôlée d'une émotivité exacerbée qui se manifeste immédiatement par des réactions organiques ; quand le vicomte l'aide à franchir le fossé, Mme de Tourvel rougit et Valmont qui la presse un instant contre lui sent son cœur battre plus vite (L. 6). Lorsque son séducteur revient au château par surprise, la Présidente « reconnaît sa voix (...) (et) il lui échappe un cri » (L. 76) ; à Paris, lorsqu'on lui remet son courrier, la sensible dévote reconnaît de loin, sur l'enveloppe, l'écriture du vicomte : « Je me suis levée involontairement ; je tremblais, j'avais peine à cacher mon émotion » (L. 108). Mme de Tourvel se livre tout entière dès le premier instant, dès le premier mouvement ; elle avoue elle-même qu'elle « ne sait ni dissimuler ni combattre les impressions qu'elle éprouve » (L. 26). C'est par les larmes que cette sensibilité si délicate s'exprime le plus fréquemment. Il ne faut pas oublier que la Présidente a vingt-deux ans quand paraissent *Les Liaisons dangereuses* et qu'elle est la contemporaine de *La Nouvelle Héloïse*, de la comédie larmoyante et du drame bourgeois à la Diderot. Valmont fait-il l'aumône ? Elle en est « attendrie jusqu'aux larmes » (L. 22). Le vicomte déclare-t-il son amour ? Elle « fond en larmes » et passe la soirée « baignée de larmes priant avec ferveur » (L. 23). Offre-t-elle son amitié à Valmont ? Elle passe au préalable « une nuit dans les larmes » (L. 90). Rentre-t-elle à Paris, s'éloigne-t-elle de celui qu'elle aime ? « Tous les moments de sa triste existence sont marqués par ses larmes » (L. 108).

Des émotions paralysantes

Chez certains individus, l'émotion pousse à l'action, rassemble les énergies éparses et se traduit par des actes ; c'est, par exemple, le cas chez les personnages de Stendhal où elle est souvent créatrice. Chez Mme de Tourvel, la réaction est inverse ; la crise émotionnelle est paralysante et la Présidente est incapable d'exprimer le sentiment qu'elle ressent ; celui-ci se développe dans les profondeurs de son être et ne peut s'extérioriser au moyen du langage. Quand le trouble l'envahit, Mme de Tourvel laisse une phrase en suspens : « Oh ! non, mais... » (L. 6), « Eh bien ! oui, je... » (L. 92), etc. Les mots étant impuissants à traduire les mouvements du cœur, c'est le corps, véritable organe de la sincérité, qui devient alors expressif et manifeste par ses réactions l'intensité de l'émotion. La première fois que la Présidente s'abandonne à l'amour qu'elle porte à Valmont, elle se laisse aller dans les bras du vicomte, « son regard s'éteint », puis « se dégageant avec une force convulsive, la vue égarée, et les mains élevées vers le ciel elle s'écrie : « Dieu, ô mon Dieu, sauvez-moi » (L. 99) ; elle tombe à genoux, pleure, suffoque, profère des phrases incohérentes et devient la proie de violentes convulsions qui empêchent Valmont, d'ailleurs très ému lui-même, de réaliser son projet. La scène de la chute est précédée, elle aussi, d'une crise très aiguë : Mme de Tourvel s'évanouit et ne revient à elle que « soumise et déjà livrée à son heureux vainqueur » (L. 125). La marquise de Merteuil avait déjà fort bien compris la nature profonde de la Présidente sans cesse terrassée par l'émotion et incapable d'agir quand elle écrit, à son propos, dès la lettre 33 : « Ce qui me paraît encore devoir vous rassurer sur le succès, c'est qu'elle use trop de forces à la fois ; je prévois qu'elle les épuisera pour la défense du mot, et qu'il ne lui en restera plus pour celle de la chose. »

Une âme paisible

Cependant, avant d'être livrée aux troubles et aux bouleversements engendrés par la passion amoureuse, Mme de Tourvel recherchait la paix et le calme intérieur ; elle cultivait l'égalité d'humeur, l'harmonie et la douceur ; elle pressentait quelles violentes perturbations le jaillissement des sentiments ne manquerait pas de faire éclater en elle et elle s'efforçait de s'en protéger : « Ce que vous appelez le bonheur, écrit-elle au vicomte, n'est qu'un tumulte des sens, un orage des passions, dont le spectacle est effrayant, même à le regarder du rivage » (L. 56). La Présidente attache une grande importance à la « tranquillité » et ce mot revient très fréquemment sous sa plume. « Cessez, dit-elle à Valmont, de vouloir troubler un cœur à qui la tranquillité est si nécessaire » (L. 56), et à Mme de Rosemonde : « Je vous devrai ma tranquillité, mon bonheur, ma vertu » (L. 124). C'est pour éviter d'avoir à souffrir d'une sensibilité très développée que Mme de Tourvel se retranche derrière la « tranquillité » où elle tentera vainement de se mettre à l'abri de l'amour. Valmont, outre la difficulté de séduire une prude, a certainement été attiré par ce calme, cette douceur quelque peu mélancolique : « Vous savez que j'ai naturellement peu de gaieté » (L. 45). Cette équanimité, cette tendresse, cette nature caressante et contemplative, en un mot ces qualités si étrangères à Mme de Merteuil n'ont pas manqué d'exercer leurs charmes sur le vicomte en lui révélant une beauté gracieuse teintée de tristesse ; Mme de Tourvel a d'ailleurs quelque chose d'« angélique » (L. 76) et ce n'est pas un hasard si le vicomte ou la marquise, même par ironie, la traitent fréquemment de « *céleste* prude ».

Le refus du masque et du mensonge

Il n'est pas étonnant qu'un tempérament si pur fasse des sentiments la valeur suprême et n'imagine pas un instant qu'on puisse manquer de sincérité. Spontanément la Présidente croit en la franchise d'autrui. Elle éprouve l'impérieux besoin de comprendre, de vibrer à l'unisson, d'entrer en sympathie avec ceux qui l'entourent ; elle est donc naturellement portée à l'indulgence. Chaque fois que Valmont paraît coupable à ses yeux, chaque fois qu'il n'a pas tenu ses promesses, elle l'excuse et pardonne, par amour certes, mais aussi par obéissance à un impératif absolu propre à sa nature la plus intime ; elle ne peut éprouver le moindre ressentiment, même à l'endroit de celui dont elle aurait pourtant le plus à se plaindre (cf. L. 90). Ce qu'elle condamne chez Valmont, dès la première lettre, c'est moins les sentiments qu'il manifeste que les ruses et les artifices qu'il utilise ; les procédés du vicomte sont contraires aux élans spontanés du cœur et Mme de Tourvel rejette vigoureusement pareils agissements ; pour elle, les sentiments authentiques doivent se révéler sans fard, s'affirmer immédiatement ; elle recherche avant tout la profondeur, la vérité ; elle fait peu de cas des apparences : elle n'attache pas d'importance à la renommée scandaleuse du vicomte et ne se préoccupe pas de ce qu'on peut penser d'elle dans le monde. Quand elle contraint Valmont à quitter le château de Mme de Rosemonde, quand elle prend la fuite, elle ne cherche pas à éviter le jugement d'autrui, mais à assurer son salut, sa paix intérieure. Il n'y a donc chez elle ni ostentation ou ambition, ni orgueil ou vanité ; illusions trompeuses, mensonges lui sont étrangers et on a pu dire à juste titre qu'« au monde du masque, celui de Merteuil, elle oppose le monde de la transparence[1] ».

Mme de Tourvel souffre donc de dissimuler ses sentiments, de ne pouvoir exprimer librement l'amour qu'elle porte à Valmont ; sa morale et ses convictions religieuses l'empêchent de réaliser la « transparence » ; son drame vient de là ; en rencontrant le vicomte, elle a subitement perdu la sérénité et l'harmonie ; naguère encore, elle était une ; aujourd'hui elle doit se dédoubler ; elle est incapable, par nature, de masquer ses états d'âme, mais son devoir exige qu'elle le fasse ; elle tente par conséquent de refuser la passion, mais celle-ci, par crises successives, finit par s'imposer[2] ; ce n'est d'ailleurs qu'au moment suprême, qu'après s'être livrée à Valmont qu'elle croit encore sincère, que la Présidente finira par accepter l'amour, redécouvrir l'équilibre perdu et rétablir en elle l'adéquation entre l'être et le paraître ; ayant trouvé la force de repousser les principes reçus, de regarder en face la vérité du cœur, elle se réconcilie avec soi-même et l'intolérable divorce intérieur qui la déchirait s'évanouit soudain. Une fois franchie l'ultime étape, elle ne manifeste ni regret, ni remords ; elle ne fait aucune allusion à sa trahison conjugale ; elle assume pleinement son nouveau

1. A. et Y. Delmas, op. cit., p. 414.
2. Lettre 23 : Valmont entre dans sa vie ; lettre 96 : l'amour s'impose ; lettre 125 : la victoire de Valmont.

destin : elle a retrouvé « la transparence » en faisant le don total de sa personne à l'être aimé, en se consacrant à Valmont (cf. L. 128). À peine a-t-elle accepté l'amour, qu'elle s'en fait une conception très haute ; elle l'élève jusqu'à la mystique, le pousse jusqu'au sacrifice de soi. Son détachement est tel qu'avant de mourir, peu de temps après la disparition de Valmont, elle se charge de toutes les fautes et assume toutes les responsabilités : « Dieu tout-puissant... je me soumets à ta justice ; mais pardonne à Valmont. Que mes malheurs que je reconnais avoir mérités, ne lui soient pas un sujet de reproche, et je bénirai ta miséricorde ! » (L. 165).

▆▆▆▆ CÉCILE

On juge parfois trop sommairement ce personnage des *Liaisons dangereuses*. Baudelaire va trop loin quand il décèle en Cécile « l'ordure originelle[1] » ; certes, la petite Volanges n'a guère d'esprit et se laisse entraîner par les pulsions instinctives de sa nature, mais il convient, pour apprécier son comportement, de la situer dans le contexte où Laclos n'a pas manqué de la placer.

Une éducation négligée

À onze ans, Cécile entre au couvent ; elle en sort à quinze et se prépare à épouser le comte de Gercourt, de plus de vingt ans son aîné, et qu'elle ne connaît pas ; tel est le sort habituel des filles de sa condition. Son éducation intellectuelle n'a pas été poussée très loin et elle connaît mieux le dessin, la musique ou la danse que le calcul, la grammaire ou l'histoire ; elle se rend d'ailleurs fort bien compte de son ignorance : « Conviens que nous voilà bien savantes ! » écrit-elle à Sophie, son amie restée en pension. Au couvent, Cécile menait une existence agréable et heureuse en compagnie de jeunes filles de son âge ; chez elle, dans le monde, elle se sent esseulée et ses premières lettres témoignent visiblement de son désappointement : « Hommes et femmes, tout le monde m'a beaucoup

---

1. Cf. *Œuvres complètes* de Laclos, *op. cit.*, Appendices, p. 713.

regardée, et puis on se parlait à l'oreille ; et je voyais bien qu'on parlait de moi... » (L. 3).

Privée d'intimité avec sa mère, perdue dans un milieu dont elle ignore les règles et les habitudes, Cécile cherche des appuis ; elle trouve Mme de Merteuil et Danceny. Si elle découvre avec le jeune homme les premiers émois de l'amour juvénile, si cette liaison entamée à l'occasion de leçons de musique a quelque chose d'agréable et de touchant, Cécile, à la faveur de ses relations avec Mme de Merteuil, ne tarde pas à dévoiler un autre aspect d'elle-même ; elle est encore enfant, certes, mais la marquise note bien, dès l'abord, « que tout annonce en elle les sensations les plus vives » (L. 38) ; d'un seul terme, Mme de Merteuil a caractérisé la nature intime de la petite Volanges : elle est toute « sensation » ; il est vrai que la jeune fille vit à fleur de peau et qu'elle ne réagit que superficiellement ; les mots « peine » et « plaisir » reviennent très souvent dans sa correspondance. Éprouve-t-elle le moindre souci ? Elle pleure. Reçoit-elle le moindre réconfort ? Ses larmes, sur-le-champ, disparaissent.

L'empire des sensations est si considérable chez Cécile qu'il lui est impossible d'y résister ; elle cède toujours aux premières impulsions : « C'était plus fort que moi » (L. 18) ; « je n'ai pas pu m'en empêcher » (L. 28) ; « si j'avais pu m'en empêcher » (L. 30). Elle manque de volonté. Elle n'a pas reçu une éducation solide et la morale élémentaire qu'on lui a inculquée ne lui permet pas de faire la distinction entre le bien et le mal ; son esprit n'a pas été formé et elle ne peut pas trouver l'élévation spirituelle dans la vie intérieure ou intellectuelle ; elle ne lit pas et ce ne sont pas les bavardages de Sophie, les gronderies de la Mère Perpétue ou les radotages de la bonne Joséphine qui ont pu l'éveiller à la réflexion et lui apprendre à voir clair en elle-même.

Pourtant, cette jeune écervelée ne manque pas tout à fait de finesse et certains de ses propos attestent que son intelligence aurait peut-être mérité d'être formée : « Est-ce un mal d'aimer quelqu'un ? » demande-t-elle à Mme de Merteuil. « Ou bien est-ce que ce n'est un mal que pour les demoiselles ? Car j'ai entendu maman elle-même dire que Mme D... aimait M. M..., et elle n'en parlait pas comme d'une chose qui serait si mal ; et pourtant je suis sûre qu'elle se fâcherait contre moi, si elle se doutait seulement de mon amitié pour M. Danceny » (L. 27).

Cet esprit léger va même jusqu'à relever une contradiction chez la marquise : « Il y a pourtant une chose qui m'a bien surprise dans votre lettre : c'est ce que vous me mandez pour quand je serai mariée, au sujet de Danceny et de M. de Valmont. Il me semble qu'un jour, à l'Opéra, vous me disiez au contraire qu'une fois mariée, je ne pourrais plus aimer que mon mari, et qu'il me faudrait même oublier Danceny » (L. 109).

Mais, Valmont l'a compris d'emblée, « [Cécile] ne perd pas son temps à réfléchir » (L. 140) et de telles remarques sont très rares sous sa plume. La petite Volanges est incapable de raisonner et le malheur veut qu'elle ne dispose pas non plus d'intuition. Autant dire qu'il lui est impossible de rechercher la signification des événements et qu'elle en reste toujours à l'apparence, aux manifestations extérieures des choses ou aux réactions visibles des êtres. Inapte à communiquer intellectuellement avec autrui, elle n'existe plus que par le corps et c'est à travers lui qu'elle établira des relations avec son entourage. Mme de Merteuil a immédiatement découvert la sensualité de Cécile et a même contribué à son éveil par les rapports amicaux assez ambigus qu'elle entretient avec la jeune fille (cf. L. 54).

Un seul principe, le plaisir, commande donc toute la personnalité de ce personnage très influençable et les protagonistes du drame ne manqueront pas d'utiliser pareille faiblesse pour mener à bien leurs sombres entreprises.

5 L'art de Laclos

UN ROMAN PAR LETTRES

Le roman par lettres au XVIIIᵉ siècle

Le roman épistolaire est très répandu au XVIIIᵉ siècle et cette forme de récit connaît alors un vif succès. Cet engouement des lecteurs peut s'expliquer par la mode et par le retentissement considérable de certaines œuvres dont le prestige et la renommée poussaient les écrivains à l'imitation ; citons quelques titres importants : les *Lettres de la religieuse portugaise* (1669), les *Lettres persanes* (1721), les *Lettres péruviennes* de Mᵐᵉ de Graffigny (1747), *La Nouvelle Héloïse* (1761) et, surtout, les romans de l'Anglais Richardson : *Pamela*, traduit en 1742, et *Clarisse Harlowe*, en 1751.

Toutefois, malgré son renom et sa prolifération, ce genre littéraire reste, le plus souvent, très arbitraire ; il n'y a, le plus fréquemment, aucun accord, aucune relation entre la matière romanesque et la forme adoptée ; on a l'impression d'une pure convention et la structure épistolaire du récit, dans bien des cas, ne semble pas s'imposer. Chez Richardson et chez Rousseau, par exemple, l'intrigue et la forme qui l'exprime ne sont pas étroitement liées, ne constituent pas une nécessaire adéquation. S'il est à l'aise, dans *La Nouvelle Héloïse*, quand les lettres traduisent lyriquement des états d'âme, Rousseau éprouve de grandes difficultés à utiliser la correspondance de ses personnages comme éléments du mouvement dramatique et Pierre Charpentrat écrit à juste titre : « Rousseau ni Richardson ne sauraient nous dire au juste pourquoi leurs héros encombrent les boîtes postales de productions volumineuses[1]. »

---

1. In *Préface* aux *Liaisons dangereuses* (Delmas, 1950, p. XIII).

Si on trouve dans les *Lettres de la marquise de M. au comte de R.* de Crébillon et dans *Les Malheurs de l'inconstance* de Dorat une utilisation plus habile, plus romanesque de la forme épistolaire, il a cependant fallu attendre *Les Liaisons dangereuses* pour que ce genre littéraire se transforme en un incomparable moyen de création et trouve son originalité ; Laclos a fondé le roman par lettres ; il en a dégagé l'essence. Son mérite le plus éminent est d'avoir donné une valeur dramatique à la composition par lettres ; avec lui, les lettres deviennent la substance même du roman ; l'accord entre le thème du livre et le mode du récit est magistralement assuré.

« Les Liaisons dangereuses », chef-d'œuvre du roman par lettres

Le mérite de Laclos est donc d'avoir su tirer ingénieusement parti de ce qui n'avait guère été exploité par ses prédécesseurs ; il ne sacrifie pas à la mode ni au goût du jour quand il choisit de mener son intrigue à travers la correspondance de ses personnages, mais il tente de créer une fiction dont les divers moments paraissent aussi vraisemblables que nécessaires. Sa première habileté est d'avoir créé le couple Valmont-Merteuil, d'avoir situé, au cœur du roman, deux héros que leur tempérament, leurs conceptions et leur passé poussent à agir, à éprouver, à exister en quelque sorte à travers les lettres qu'ils écrivent. Valmont - Merteuil, c'est d'abord une complicité, mais une complicité nourrie et exprimée par une correspondance.

D'autre part, le caractère épistolaire du livre convient parfaitement aux protagonistes du drame dans la mesure où le vicomte et la marquise séduisent, corrompent à distance et se plaisent à agir indirectement. Valmont, par exemple, n'utilise pas son charme pour conquérir Cécile ; le procédé serait trop simple et ne saurait satisfaire son goût du risque et de la virtuosité ; il trouve beaucoup plus subtil de passer par Danceny, qui aime Cécile, pour se procurer la clef de la chambre de la jeune fille (cf. L. 88, 89 et 92 à 96) ; or, Valmont n'a pu devenir l'amant de la petite Volanges que grâce à Mme de Merteuil qui a persuadé la mère de Cécile de conduire sa fille à la campagne chez la tante du vicomte (L. 63) ; la corruption de Cécile est donc le fruit d'un double travail indirect où les lettres jouent un rôle capital ; enfin, l'effet est d'autant plus vivement ressenti par le lecteur qu'on ignore jusqu'à la dernière lettre (96) que tout était prémédité.

La place occupée par les lettres revêt, elle aussi, une grande importance et Laclos a su les disposer pour faire ressortir l'esprit de calcul de ses personnages ; tantôt, il nous met d'abord sous les yeux une lettre de Mme de Merteuil ou de Valmont annonçant comment ils vont agir et expliquant pourquoi ils ont opté pour telle ou telle solution, puis il nous fait lire ensuite une lettre de leur victime où se trouve confirmée la sûreté de leur méthode (cf. L. 38 et 39) ; tantôt, pour éviter toute monotonie et ne pas user par la répétition les effets d'un procédé trop systématique, Laclos change de technique et choisit les révélations rétrospectives : ce que le lecteur imputait au hasard se révèle, en fait, être le fruit d'une préméditation. Ainsi, la lettre 63 nous met au courant d'une manœuvre de la marquise restée jusqu'alors secrète : elle a informé Mme de Volanges des amours de sa fille avec Danceny pour resserrer les liens qui unissent les jeunes gens en plaçant entre eux l'obstacle de la mère de Cécile ; de cette machination seuls les effets nous ont d'abord été présentés (L. 59 à 62) et nous n'en connaîtrons qu'ultérieurement la cause.

L'organisation des lettres entre elles obéit donc à certaines exigences et le romancier a, par là même, transformé un genre romanesque conventionnel en un véritable moyen de création. Mais les efforts de Laclos n'ont pas uniquement porté sur la correspondance des seuls personnages principaux ; ses intentions esthétiques s'étendent à l'œuvre entière et la disposition de certains groupes de lettres les uns par rapport aux autres n'est pas fortuite. Ainsi, par exemple, le roman s'ouvre par une lettre de Cécile à Sophie immédiatement suivie par une lettre de Mme de Merteuil à Valmont ; le contraste est saisissant et Laclos l'a voulu ; ici s'exprime l'ingénuité puérile, là le froid calcul de la vengeance ; dès le début, les deux thèmes essentiels du livre sont proposés au lecteur : innocence et perversité. Voici d'autres exemples où la juxtaposition, l'ordre ou la place des missives contribuent à créer de tels effets : la fameuse lettre 81, où Mme de Merteuil fait l'histoire de sa vie et montre la maîtrise qu'elle avait pu acquérir dès son plus jeune âge, se détache d'autant mieux dans sa singularité et son étrangeté qu'elle est encadrée par des lettres (Danceny - Cécile ; Cécile - Danceny) dont l'esprit juvénile fait ressortir la précocité anormale de la marquise ; dans les deux groupes symétriques constitués par les lettres 97-98 et 104-105, nous voyons Cécile et sa mère s'adresser simultanément à Mme de Merteuil pour lui demander conseil et recevoir, dans le même temps, l'une, les avis de la vertu, l'autre, ceux du vice ; enfin, dans le groupe 115-117-118, Laclos stigmatise une même attitude chez Cécile et chez Danceny : la lettre 117 est écrite par Cécile à Danceny sous la dictée de Valmont et presque dans les bras du vicomte alors que les lettres 116 et 118 sont deux messages d'amour adressés respectivement par Danceny à Cécile et à Mme de Merteuil ; un tel assemblage rend particulièrement sensible chez les deux jeunes gens un comportement qui les entraîne à dissocier l'amour du plaisir.

Enfin, dans ce roman, pour la première fois, une réelle puissance a été conférée aux lettres ; elles sont, en fait, de véritables armes. « Jusqu'à la fin, ce sont des lettres qui trompent, qui démasquent, qui vengent ou qui tuent. C'est une lettre dictée à Valmont par Mme de Merteuil qui tue la Présidente. C'est par une lettre à Danceny que Valmont se venge de la duplicité de son ancienne partenaire. Ce sont deux lettres qui perdent cette dernière. Laclos crée ainsi l'atmosphère de cruauté sèche et subtile qui colore son roman[1]. »

■■■ ■ L'ARCHITECTURE DU ROMAN

Une intrigue en contrepoint

La structure générale des *Liaisons dangereuses* n'est pas, elle non plus, livrée au hasard et elle obéit, comme la distribution des lettres, aux principes d'un art très concerté. Les intrigues imaginées par Laclos sont agencées en contrepoint et selon un jeu complexe d'analogies.

Ainsi s'explique, par exemple, le parallélisme étroit qui relie la séduction de Cécile à celle de la Présidente ; on découvre, en effet, chez Mme de Tourvel (L. 11) comme chez Cécile (L.

1. J.-L. Seylaz, *op. cit.*, p.22.

18), les mêmes illusions, le même refus de suivre les conseils de la raison et de la prudence prodigués par Mme de Volanges et Sophie Carnay ; à la fin de la première partie, Mme de Tourvel supplie Valmont de quitter le château de Mme de Rosemonde et, dans le même temps, Cécile fait savoir à Danceny qu'elle ne veut plus le revoir ; comme la petite Volanges, qui ne tarde pas à revenir sur sa décision, la Présidente répond malgré tout aux lettres du vicomte ; au début de la troisième partie, Cécile et la Présidente se plient presque en même temps aux exigences de Valmont : alors que la lettre 90, dont le style est décousu et désordonné, montre bien que Mme de Tourvel n'est pas loin de céder, la lettre 96 retrace les péripéties qui ont conduit Valmont à devenir l'amant de Cécile ; enfin, dans la quatrième partie, la lettre 140 nous décrit la fausse-couche de Cécile, point ultime de sa lamentable aventure, et la lettre 142 nous apprend que le vicomte a expédié à la Présidente le billet de rupture qui va la tuer. Outre la préoccupation purement esthétique qui permet à Laclos de décrire une jeune fille naïve à côté d'une femme vertueuse et de nous montrer les réactions de deux êtres différents en face d'une même situation, ce parallélisme nous révèle ce qu'il peut y avoir de commun, en dépit des apparences, entre Cécile et la Présidente ; elles sont toutes deux des victimes et leurs destins, rendus similaires par l'art du romancier, suggèrent au lecteur que la vertu ne résiste pas mieux que l'innocence aux entreprises d'un roué.

Si, pour des raisons esthétiques, Laclos a rendu symétrique le destin de Mme de Tourvel et celui de Cécile, c'est le même souci qui l'a conduit à équilibrer l'aventure Valmont - Cécile par celle de Mme de Merteuil avec Danceny. On a pu comparer ces groupes qui se constituent, ces couples qui se font et se défont à de véritables figures de ballet et Jean-Luc Seylaz écrit fort bien : « Le lecteur éprouve ainsi, devant les mouvements des personnages principaux du roman, un plaisir qui rappelle celui que donnent les évolutions de danseurs. Il y a le quadrille entre les deux couples Merteuil - Valmont et Cécile - Danceny. Et il y a d'autre part, le pas de deux de la Présidente et de Valmont : ils sont réunis au château de Mme de Rosemonde ; Valmont s'en va ; ils sont à nouveau réunis au château ; la Présidente s'enfuit ; Valmont la rejoint à Paris et devient enfin son amant[1]. »

---

1. *Op. cit.*, p. 37.

Ces déplacements, ces retours et ces départs des différents protagonistes évoquent davantage l'art théâtral que l'art romanesque et on relève ici l'un des traits fondamentaux des *Liaisons* : pureté des lignes et du dessin, construction aux formes bien définies, architecture rigoureuse. Cette géométrie est d'autant plus remarquable qu'elle n'est pas arbitraire et que les motifs équilibrés qui la constituent n'ont rien de gratuit ; ils sont habilement intégrés à la signification de l'œuvre et ils en fondent la cohérence ; en effet, ce n'est pas le hasard qui mène le jeu ou conduit l'action, ce sont Mme de Merteuil et Valmont, eux-mêmes finalement dépassés et écrasés par la fatalité.

Le mouvement dramatique

Le manuscrit des *Liaisons dangereuses* comprend deux parties ; cependant, la coupure qui se situe au niveau de la lettre 70 n'a aucune signification particulière et ne saurait être interprétée comme marquant le centre de gravité du livre tout entier. Mais, pour se conformer aux usages de l'édition de son temps, au moment de la publication, Laclos a divisé son roman en quatre volumes ; or, cette répartition, vraisemblablement imposée par des préoccupations toutes pratiques, s'avère très concertée et nous offre une structure où chaque partie forme un tout et où les coupures correspondent aux grands moments de l'action. L'orchestration dramatique des *Liaisons dangereuses* a donc été, elle aussi, savamment agencée par Laclos.

Au cours de la première partie (L. 1 à 50) se nouent et progressent deux intrigues : Cécile - Danceny, Valmont - Tourvel. La deuxième partie (L. 51 à 87) est apparemment la moins dramatique ; les progrès du vicomte auprès de la Présidente et ceux de Danceny auprès de Cécile sont très lents ; cependant, cet instant du tempo romanesque est fortement animé par l'activité inlassable de Mme de Merteuil : elle trahit Danceny et Cécile auprès de Mme de Volanges pour accélérer le cours des événements et permettre à Valmont d'intervenir dans leur intrigue ; elle pousse sournoisement Mme de Volanges à emmener Cécile chez Mme de Rosemonde et ménage à Valmont les moyens d'y retourner sans effaroucher la Présidente ; enfin, elle parachève cette partie par sa fameuse confession (L. 81). Par ailleurs, au cours de ces trente-six lettres où l'action semble marquer le pas, l'intérêt du lecteur est maintenu en éveil par des épisodes qu'on a parfois considérés, à tort, comme secondaires dans la mesure où ils ne concernent ni Mme de Tourvel ni Cécile : l'aventure de Valmont et de la vicomtesse, celle de Prévan avec les inséparables (L. 79), celle de Mme de Merteuil avec Prévan. Le mouvement dramatique est relancé dès l'ouverture de la troisième partie (L. 88 à 124) : Valmont remporte une double victoire sur la Présidente et sur Cécile ; dès lors, les deux intrigues vont bon train ; Mme de Tourvel avoue qu'elle aime Valmont et cherche son salut dans la fuite tandis que le vicomte prépare l'assaut final grâce à la complicité involontaire du Père Anselme. D'autre part, dans le même temps, Cécile se livre à Valmont qui la corrompt, alors que Danceny manifeste les premiers signes de son goût pour Mme de Merteuil. Enfin, c'est au cours de la quatrième partie que l'action atteint son paroxysme : défaite, abandon puis mort de la Présidente ; fin de la liaison Cécile - Valmont ; brèves amours Danceny - Merteuil ; querelle et brouille Merteuil-Valmont. Le roman s'achève par une accumulation foisonnante d'événements : le duel de Danceny et de Valmont, la mort de Valmont, celle de Mme de Tourvel, l'entrée de Cécile au couvent, le départ de Danceny pour Malte, la maladie, la ruine et la fuite à l'étranger de Mme de Merteuil.

Une action théâtrale

Ce qui précède le montre bien : l'action des *Liaisons dangereuses* porte la marque du théâtre. Le thème que Laclos veut traiter est un drame : Mme de Merteuil et Valmont distribuent le malheur autour d'eux, pervertissent l'innocence et corrompent la vertu. Tout s'achève d'ailleurs par deux morts et une catastrophe générale. Exposition, montée des périls, nœud, dénouement, tous les grands moments de la tragédie sont présents ; « deux lettres de Cécile, écrit L. Versini, deux lettres de la marquise et une de Valmont forment l'exposition [...] ; en vingt pages tous les personnages sont présentés ; le roman commence lorsque les conditions sont réunies pour que l'intrigue se noue, Cécile entre dans le monde, Valmont s'en est retiré... Nous faisons connaissance avec des personnages dont le passé pèse sur les événements qui vont être retracés comme chez Racine ; mais ce passé qui pèse sur le présent n'est évoqué que par des allusions et nous n'en savons que ce qu'il faut pour comprendre les faits[1] ». De la même façon, Laclos a supprimé les lettres inutiles à l'action (Gercourt - Merteuil, par exemple) et il a mis tout en œuvre pour que *Les liaisons*, selon la formule de la tragédie, s'inscrivent dans le cadre d'une crise de cinq mois environ, durée dont l'auteur a tenu à souligner la brièveté en donnant des dates précises à ses lettres[2].

Au resserrement de l'action dans le temps correspond, à l'image du théâtre classique, la volonté, chez Laclos, de situer autant que possible les faits et gestes des personnages dans les mêmes lieux ; à part quelques séquences secondaires qui transportent le lecteur dans le château de la Comtesse de *** ou dans la maison d'Émilie, l'intrigue se déroule à Paris et dans le château de Mme de Rosemonde. En outre, le contexte où se joue le drame est formé, comme à la scène, par une société peu nombreuse de gens du monde ; aux liens tissés par la naissance, l'éducation et les manières s'ajoutent les liens de parenté et d'amitié : Mme de Volanges est la cousine de Mme de Merteuil, l'amie intime de la Présidente ; ainsi, Laclos considère que le roman, comme le théâtre, doit se passer des personnages secondaires.

Enfin, l'unité d'action elle-même est respectée puisque les deux victimes de Valmont ne connaîtraient pas le misérable sort qui leur est réservé sans Mme de Merteuil qui aspire à se venger d'un infidèle en corrompant sa fiancée et d'une rivale en punissant Mme de Tourvel. L'intrigue tout entière est donc organisée par la marquise et une fois la Présidente immolée par Valmont à Mme de Merteuil, il ne reste plus que la guerre entre les deux complices devenus rivaux ; tel est d'ailleurs le véritable thème du roman dont le motif était annoncé dès la lettre 2 par l'impatience de la marquise devant l'absence de Valmont. *Les Liaisons dangereuses* sont avant tout l'histoire d'une vengeance dont les différents moments sont inéluctables et dont rien ne saurait enrayer l'inexorable processus. Par une contraction qui ressortit bien à l'esthétique théâtrale, l'action vise à se resserrer autour d'un duel où les amis de naguère finissent par se livrer une lutte sans merci.

---

1. *Op. cit.*, p. 217-218.
2. On est loin, avec les 174 jours que durent *Les Liaisons*, des douze ans de *La Nouvelle Héloïse*, des six ou sept ans de *Paul et Virginie*, des quatre ans de *Manon Lescaut*.

6 La langue et le style

Les principaux personnages des *Liaisons dangereuses* s'imposent d'emblée au lecteur et le fascinent profondément. Ils doivent leur extraordinaire présence à l'analyse psychologique, mais ils ne seraient que des entités froides et sans âme si Laclos, qui supprime délibérément toute description de l'apparence physique, n'avait pris soin de les incarner par un style propre à chacun d'eux. Le romancier a d'ailleurs lui-même tenu à souligner la diversité de ton de chaque correspondant et il se félicite, dans la *Préface du rédacteur*, de la variété des styles de son œuvre, « mérite qu'un Auteur atteint difficilement » (p. 29). La voix des personnages diffère non seulement en fonction de leur caractère, mais en fonction des événements et des lecteurs auxquels ils s'adressent : Mme de Merteuil n'écrit pas de la même manière un récit piquant, une analyse psychologique ou une déclaration de guerre ; Valmont n'a pas le même style selon qu'il parle à Cécile ou à la marquise ; enfin, le ton d'un même personnage peut évoluer : Cécile et surtout Danceny acquièrent l'usage de la plume en même temps que celui du monde ; Mme de Tourvel et Valmont apprennent peu à peu le langage du sentiment.

LE STYLE DES PERSONNAGES SECONDAIRES

Azolan, chasseur de Valmont, écrit comme il parle ; la lettre 107 qu'il rédige à l'intention de son maître est peu construite ; les phrases ne sont pas élaborées : elles ignorent la subordination ; elles ne sont reliées l'une à l'autre que par la coordination « et », quand elles ne se contentent pas de la juxtaposition par un point-virgule. Azolan abuse du verbe *être* pour rendre le mouvement (« j'ai été ») et son style est généralement très proche de l'incorrection.

Bertrand, en revanche, adopte un ton cérémonieux et volontiers sentencieux. Ce serviteur fidèle et respectueux ne manque pas d'une certaine sensibilité et il est même capable d'ébaucher une oraison funèbre, véritable pastiche de Bossuet : « ... quand j'ai reçu dans mes bras à sa naissance ce précieux appui d'une maison si illustre, aurais-je pu prévoir que ce serait dans mes bras qu'il expirerait et que j'aurais à pleurer sa mort ? Une mort si précoce et si malheureuse ! » (L. 163).

Le Père Anselme multiplie les hébraïsmes : « ... le Dieu de miséricorde... le Dieu de vengeance ». Sa lettre (123) est pleine d'onction et dénote un personnage fort satisfait de soi ; les images mystiques les plus banales s'y retrouvent et tous ces lieux communs de la rhétorique religieuse trahissent un homme qui pense peu par lui-même.

C'est chez Mme de Rosemonde qu'on trouve les expressions et les tours les plus anciens ; sa manière de s'exprimer est un peu précieuse et surannée : « Ma chère belle » (à Mme de Tourvel) ; « Et sans me dire qu'elle [sa santé] soit bonne il ne m'a point *articulé* pourtant qu'elle fût mauvaise » (L. 122), au sens d'*affirmer catégoriquement que* : « La petite Volanges (...) vous trouve furieusement à dire » (L. 112), au sens de *regretter*. Mêmes habitudes archaïsantes dans la syntaxe qui rappelle l'époque Louis XIV : « Cet emploi d'adoucir vos peines, ou d'en diminuer le nombre, est le seul que je veuille, que je puisse remplir en ce moment » (L. 130) ; cet infinitif complément de nom est très courant chez Bossuet. Bien qu'elle appartienne, par son éducation, au siècle passé, Mme de Rosemonde est restée jeune et son style est empreint d'une réelle vivacité qui fait souvent songer à Mme de Sévigné : lorsque son rhumatisme l'empêche d'écrire, elle est « manchote » ; elle invente des expressions pittoresques et des formules malicieuses : Cécile « bâille à avaler ses poings » et « nous fait l'honneur de s'endormir profondément toutes les après-dîners » (L. 112).

Mme de Volanges, elle aussi, emploie une langue teintée d'archaïsme, mais on chercherait en vain chez elle l'expression d'une forte personnalité ; on ne trouve guère sous sa plume que des clichés, que des expressions toutes faites consacrées par le Monde ou par l'Église. C'est dire que Mme de Volanges est volontiers sentencieuse et moralisatrice : « Vos regards, purs comme votre âme, écrit-elle à Mme de Tourvel, seraient souillés par de semblables tableaux » (L. 9) ; elle use fréquemment d'images grandiloquentes : « Écoutez, si vous voulez, la voix du malheureux qu'il a secouru ; mais qu'elle ne vous empêche pas d'entendre les cris de cent victimes qu'il a immolées » (L. 32). Attachée aux conventions, esclave des usages mondains et religieux, Mme de Volanges éprouve cependant une réelle amitié pour la Présidente et son style sait alors s'émouvoir ; il en arrive même à se hausser jusqu'au lyrisme — une seule fois il est vrai — au cours d'une brève oraison funèbre où les balancements de rhétorique, les groupes binaires et ternaires appuient le développement : « Tant de vertus, de qualités louables et d'agréments ; un caractère si doux et si facile ; un mari qu'elle aimait et dont elle était adorée, une société où elle se plaisait et dont elle faisait les délices, de la figure, de la jeunesse, de la fortune ; tant d'avantages réunis ont donc été perdus par une seule imprudence ! O Providence ! sans doute il faut adorer tes décrets mais combien ils sont incompréhensibles » (L. 165).

■■■■ LE STYLE
DE CÉCILE
ET DE DANCENY

Mme de Merteuil avait fort bien jugé le ton des lettres de Cécile quand elle lui écrivait : « Voyez donc à soigner davantage votre style. Vous écrivez toujours comme un enfant. Je vois bien d'où cela vient ; c'est que vous dites tout ce que vous pensez, et rien de ce que vous ne pensez pas » (L. 105). En effet, le langage de la petite Volanges est fréquemment enfantin : « le Monsieur » (L. 1) ; « ce vilain Monsieur de Gercourt » (L. 39) ; « il y a déjà tout plein de moments où je n'y songe plus » (L. 109), etc. De plus, le ton qu'elle emploie est souvent familier et trahit une éducation peu soignée ; elle n'hésite pas à utiliser « ça » pour « cela » : « Ah ! ça m'a fait bien plaisir » (L. 14) ; « ça me faisait de la peine... » (L. 16). On peut encore relever au niveau des incorrections grammaticales un barbarisme : « Ne m'en voulez pas » (L. 94) et des solécismes : « Je suis bien fâchée que vous êtes encore triste » (L. 30) ; « je ne sais pas qui est-ce qui nous a trahis » (L. 69) ; le vocabulaire de Cécile est très pauvre ; elle n'exprime ses états affectifs que par des tournures vagues et impersonnelles ; elle est incapable de désigner par un terme précis les sentiments qu'elle éprouve ; c'est toujours le mot-outil, « cela » ou « ça », qu'on retrouve dans sa correspondance : « Cela me fâche » (L. 14), « ça me faisait de la peine » (L. 16 et 17). Pour faire part à son lecteur d'un émoi qui l'a vivement touchée, elle ne dispose que de rares substantifs ou qualificatifs — *peine, plaisir, chagrin, triste, chagrine* — et elle n'use que d'un seul renforcement grammatical pour traduire une émotion plus intense : l'adverbe *bien* ; elle en abuse devant les adjectifs, les adverbes, les verbes et même les substantifs : elle est « bien embarrassée » (L. 16), « bien en peine » (L. 16) ; « c'est bien ça » (L. 97), « j'ai bien pleuré » (L. 82), etc.

Par ailleurs, Cécile n'évite pas les répétitions de termes (un paragraphe de la lettre 27 contient cinq fois le verbe *écrire* et cinq fois le verbe *dire* !) ; elle écrit comme elle parle ; ses liaisons favorites sont « et puis » (L. 14, 18, 82, etc.), « c'est que » (L. 109) ; ses phrases s'ouvrent fréquemment par une interjection enfantine : un « oh ! » par exemple. « Dans l'ensemble, écrit Yves Le Hir, la langue et le style de Cécile Volanges sont donc caractérisés par la spontanéité. On croit entendre sa parole précipitée, coupée par la joie ou le découragement, marquant avec fidélité les divers mouvements de son âme[1]. »

Danceny, amoureux sentimental et doucereux, dispose d'un registre plus riche et plus élaboré que celui de la petite Volanges. Il faut avant tout noter ici le caractère le plus original de sa correspondance : son évolution. Encore presque aussi ingénu que celui de Cécile au début du roman, le ton de ses lettres va peu à peu changer, devenir celui d'un homme à bonnes fortunes, se teinter de marivaudage, s'élever jusqu'au lyrisme rousseauiste et prendre enfin, dans les derniers écrits, des accents plus sages et plus modérés. Ainsi les billets qu'il adresse à Cécile semblent ne pas connaître d'autre vocabulaire que les mots « amour, bonheur », etc. ; dans une seule lettre (31) on relève trois fois le mot *amour*, quatre fois le verbe *aimer*, trois fois le substantif *bonheur*, trois fois l'adjectif *heureux*. Il suffit de comparer ces premiers essais épistolaires aux messages que Danceny fait parvenir à Mme de Merteuil pour qu'apparaisse immédiatement le nouvel aspect de sa personnalité. La première lettre marivaude : « Si j'en crois mon Almanach, il

---

1. In *Introduction* aux *Liaisons dangereuses* (Garnier, 1952, p. XXVII).

n'y a, mon adorable amie, que deux jours que vous êtes absente ; mais si j'en crois mon cœur, il y a deux siècles, etc. » (L. 118). Dans la seconde lettre (148) où les *tu* et les *nous* alternent savamment, Danceny renonce à la raison et embrasse l'idéal sentimental si cher à Jean-Jacques ; il adhère pleinement à l'« amour véritable » : « Quoi ! pour avoir été éclairés plus tard nos cœurs en seraient-ils moins purs ? » Dans la lettre 150, enfin, le *tu* se généralise, le style acquiert une réelle valeur poétique et la prose est scandée par un rythme cadencé : « Tu le laisseras donc, rêveur et solitaire, s'égarer loin de toi ? » Toutefois, comme l'écrit L. Versini : « si Laclos s'est amusé à montrer combien l'écolier change, il n'en reste pas moins que ces progrès ne font que développer toutes les modes, toutes les influences, son style, tous les styles, celui de Marivaux, celui de Jean-Jacques, le style entrecoupé de Diderot même[1], ce qui est très rare dans *Les Liaisons*. Même s'il a une nature sensible, une nature d'artiste, de poète, sa sensibilité passive s'oppose à la sensibilité active de Valmont et en fait une victime toute désignée du danger des *Liaisons*[2] ».

■■■■■ LE STYLE DE Mme DE TOURVEL

Le langage de la Présidente est celui des livres pieux et des manuels d'édification. Dans ce vocabulaire, l'amour devient un « délire dangereux » (L. 50), un « poison dangereux » (L. 124). Mme de Tourvel fait pourtant peu allusion au Ciel (L. 90 et 125) ou à Dieu (L. 99 et 124) ; elle est surtout sensible dans la religion aux exigences morales et aux interdits : « Ce qui n'eût été que de la candeur avec tout autre devient une étourderie avec vous, et me mènerait à une noirceur, si je cédais à votre demande » (L. 43) ; un tel style ne renferme aucune image : l'antithèse *candeur - noirceur* n'est qu'un cliché de la rhétorique banale des gens d'Église. Les allusions aux paraboles évangéliques paraissent naturelles sous cette plume : « Ne sais-je pas que l'Enfant prodigue, à son retour, obtint plus de grâces de son père que

---

1. Cf. la lettre 92 où se multiplient exclamations, interrogations, points de suspension, phrases interrompues, etc.
2. L. Versini, *op. cit.*, p. 324.

le fils qui ne s'était jamais absenté » (L. 124) ; toutefois, les tours les plus frappants ne sont plus dévots, mais contiennent des reflets de la mode : « Oh ! que la haine est douloureuse ! comme elle corrode le cœur qui la distille ! » (L. 161) ; *distille* et *corrode* renvoient aux images précieuses, à la langue édulcorée des salons. En effet, Mme de Tourvel est aussi une mondaine et sa prose se plie tout naturellement aux usages en vigueur dans la société qu'elle fréquente.

Si on peut relever certains éléments constants dans le style et la langue de la Présidente, il apparaît néanmoins que toute sa correspondance exprime le conflit douloureux qui la déchire, que sa passion est parfaitement reflétée par son écriture et que le ton de ses lettres évolue très sensiblement. Mme de Tourvel tente de résister à l'amour et cet effort se manifeste fort bien au niveau du style : elle fait tout ce qu'elle peut, dans un premier temps, pour maintenir entre Valmont et elle la distance du langage mondain ; ainsi, alors que les deux premières lettres (26 et 41) adressées au vicomte sont riches en périodes, en grands rythmes ternaires, en symétrie, la lettre 43 est déjà différente : si le mouvement qui l'anime reste encore quelque peu oratoire, les grandes périodes ont disparu et le ton est moins ample, moins cérémonieux. La lettre 56 offre un changement beaucoup plus net encore ; les trois premiers alinéas présentent une cohérence stylistique certaine, preuve que Mme de Tourvel exerce encore sur elle un contrôle, mais le dernier paragraphe révèle un émoi de plus en plus marqué ; le raisonnement fait place à une divagation inquiète et passionnée ; la lettre s'achève enfin sur un rythme qui trahit un trouble très profond : « Que m'importe, après tout ? pourquoi m'occuperais-je d'elles ou de vous ? de quel droit venez-vous troubler ma tranquillité ? Laissez-moi, ne me voyez plus ; ne m'écrivez plus, etc. » « Lorsqu'enfin la défaite morale de la Présidente est consommée (L. 90), écrit J.-L. Seylaz, on croit entendre par instants, s'élevant d'un vocabulaire plus sentimental et d'une cadence plus musicale, le chant même de Rousseau, le chant de la passion[1] » : « O vous, dont l'âme toujours sensible, même au milieu de ses erreurs, est restée amie de la vertu, vous aurez égard à ma situation douloureuse, vous ne rejetterez pas ma prière ! Un intérêt plus doux, mais non moins tendre, succédera à ces agi-

---

1. L. Versini, *op. cit.*, p. 64.

tations violentes : alors, respirant par vos bienfaits, je chérirai mon existence, et je dirai dans la joie de mon cœur : ce calme que je ressens, je le dois à mon ami. »

▪▪▪▪ LE STYLE DE VALMONT

Le vicomte est le personnage qui écrit le plus (51 lettres sur 175) ; c'est lui qui a le plus grand nombre de correspondants et qui dispose de la palette stylistique la plus vaste et la plus variée. Il adapte, en effet, avec une habileté consommée le ton de ses écrits à la psychologie et à la catégorie sociale de leurs destinataires. Avec Azolan (L. 101), Valmont sait parler en maître et passer subtilement de la distance à la familiarité ; avec le Père Anselme (L. 120), il adopte un style souple et onctueux où fourmillent les qualificatifs les plus conventionnels ; avec Cécile, il s'efforce de jouer sur la vanité, l'égoïsme et le goût du mystère ; il est toujours très efficace et ne se perd pas en vaine rhétorique ; avec Danceny enfin, c'est le ton de l'ami ou du frère aîné que Valmont utilise le plus couramment. Quand il s'adresse à la Présidente, le vicomte joue un autre rôle ; il use d'un vocabulaire classique (*étonner, séduire, envier, rigueur, tourments, douceurs, transports*, etc.) et sa langue emprunte ses formules aux tons traditionnels de la galanterie précieuse ; termes abstraits et adjectifs superlatifs sont alors fréquemment associés en des couples conventionnels : « âme céleste » (L. 36), « doux empire » (L. 83), « charme impérieux » (L. 24), « puissance invincible » (L. 83), « noble enthousiasme » (L. 83) ; il s'agit là de véritables clichés choisis à dessein pour persuader la Présidente que le sentiment qu'on lui porte est noble et désintéressé ; d'ailleurs, l'amour dont Valmont parle à Mme de Tourvel correspond très précisément à ce dont elle peut rêver : il est *inaltérable* (L. 52), *pur* (L. 24, 83, 137), *doux* (L. 24), *tendre* (L. 137).

Si ces exercices de style attestent l'étonnante maîtrise à laquelle est parvenu cet expert en rouerie, ils ne nous permettent pas de connaître la véritable langue du vicomte ; celle-ci nous est essentiellement révélée par la correspondance qu'il entretient avec Mme de Merteuil. Ici les masques tombent et on découvre le vrai Valmont : brillant, spirituel, persifleur. Le ton de ses écrits est celui-là même de la conversation ; il émaille, en effet, ses propos de mots à la mode (*usage, gauche, bégueule*, etc.), de termes familiers (*rabâchage, radotage*, etc.) ; il abuse des superlatifs : « un des plus violents accès d'humeur que femme puisse avoir » (L. 40), etc. ; sous sa plume tout est « infiniment, cruellement insurmontable, interminable, inexorable, insoutenable », etc. ; il manie sans cesse les hyperboles, expressions littéraires de sa fougue naturelle : « dévorer son ennui » (L. 34), « ne pas se posséder de joie » (L. 47), etc. Il mélange volontiers les genres et mêle avec plaisir, comme pour s'encanailler, les termes de la politesse à ceux de la langue vulgaire : « le drôle » (L. 21), « baragouiner » (L. 47), etc.

Les images dont use Valmont ne sont guère originales et il y a peut-être trop peu de passion ou d'émotion en lui pour qu'il en soit autrement et que son imagination puisse s'enflammer. On découvre avant tout dans sa correspondance des métaphores traditionnelles : « Réduit à brûler d'un amour que je sens bien qui ne pourra s'éteindre » (L. 83) ou des formules nobles héritées de l'époque classique : « L'amour qui prépare ma couronne, hésite lui-même entre le myrte et le laurier, ou plutôt, il les réunira pour honorer mon triomphe » (L. 4). Mais c'est surtout la guerre qui offre à ce roué des images devenues rituelles chez les précieux depuis le siècle précédent : « Mon inhumaine, qui se tient sur la défensive, a mis à éviter les rencontres une adresse qui a déconcerté la mienne... Je ne veux être vaincu par elle en aucun genre. Mes lettres mêmes sont le sujet d'une petite guerre... Il faut pour chacune une ruse nouvelle... » (L. 34).

Enfin, le style de Valmont est caractérisé par la recherche systématique des cadences poétiques : « Vous connaissez mon chasseur : trésor d'intrigue et vrai valet de comédie » (L. 15). « Né pour l'amour, l'intrigue pouvait le [il s'agit de son cœur] distraire et ne suffisait pas pour l'occuper ; entouré d'objets séduisants, mais méprisables, aucun n'allait jusqu'à mon âme ; on m'offrait des plaisirs, je cherchais des vertus ; et moi-même enfin, je me crus inconstant, parce que j'étais délicat et sensible » (L. 52). Ces procédés de rhétorique (antithèses, parallélismes, etc.), accentuent le rythme de la prose du vicomte, mais lui donnent une apparence travaillée et très artificielle ; il faut y voir le « reflet d'une âme sans cesse occupée à dissimuler et à feindre ; jamais passionnée, rarement émue[1] ».

---

1. Y. Le Hir, *op. cit.*, p. XLIII.

▪▪▪▪ LE STYLE
DE M_{me} DE MERTEUIL

Le ton de Valmont et celui de Mme de Merteuil n'ont qu'une parenté superficielle ; alors qu'on discerne sous l'aisance et la facilité du vicomte un effort très réel de composition, les lettres de la marquise donnent un parfait exemple de naturel, de dynamisme et de vie intense. Mme de Merteuil n'alourdit pas son style par des effets oratoires, des ornements extérieurs, d'inutiles morceaux d'éloquence ; elle recherche la brièveté, la variété et l'efficacité ; elle maîtrise pleinement la langue dont elle use et elle désire avant tout convaincre ; l'acte à venir se dessine déjà en filigrane à travers la prose nerveuse et tendue de sa correspondance.

Ce qui frappe d'abord le lecteur chez Mme de Merteuil, c'est le vocabulaire particulièrement familier qu'elle emploie, c'est le ton — plein de vivacité et de mouvement, très proche de la conversation — qui anime la plupart de ses lettres. En voici quelques exemples : « Le plaisant serait qu'il débutât par là » (L. 2), « sa lettre de rupture qui est une véritable capucinade » (L. 5 1), « je chambrai la petite dans un coin » (L. 63), « un brouillon d'amoureux » (L. 85), etc. Le lexique de la marquise est également très riche et très varié ; on en reproduit ici quelques termes relevés et analysés par Y. Le Hir dans l'introduction qu'il a consacrée aux *Liaisons dangereuses*[1] ; outre les mots qu'elle utilise avec le sens qu'ils avaient au XVIIe siècle — *injure* (L. 5), *soins* (L. 81), etc., — Mme de Merteuil ponctue ses écrits de termes nouveaux : « Que cette ridicule distinction est bien un vrai déraisonnement de l'amour » (L. 9), « demi-jouissance » (L. 5), « se remarier » (L. 152), « recacheter » (L. 105), « être fixé » (L. 81) pour « être renseigné » ; elle confère à certains vocables des extensions de sens curieuses : « précautions locales » (L. 81) (propres aux lieux), « vous m'écrivez la lettre la plus maritale qui soit » (L. 152) (celle qui ressemble le plus à la lettre qu'un mari pourrait écrire), « l'attentif Belleroche » (L. 121) (qui a des attentions et fait sa cour) ; les mots « exotiques » d'introduction récente ne lui déplaisent pas : *duègne* (L. 81) et *odalisque* (L. 141) qui seront admis en 1798 seulement au *Diction-*

---

1. Cf. *op. cit.*, p. XXXIV.

naire de l'Académie, *ottomane* (L. 10) qui n'aura droit de cité dans la langue qu'en 1835.

Quant à l'influence de la société galante du XVIIIᵉ siècle sur le style de Mᵐᵉ de Merteuil, elle se manifeste dans des termes ou des expressions comme : « Cela n'a que quinze ans » (L. 2) ; *cela* fait partie du jargon des salons ; « quand une femme s'est encroûtée à ce point, il faut l'abandonner à son sort ; ce ne sera jamais qu'une espèce » (L. 5) ; *encroûter* ne sera admis qu'en 1835 par l'Académie ; *espèce* est un substantif méprisant qui définit un être indigne de toute considération. La « petite maison » (L. 10) est un mot caractéristique de l'époque ; il revient souvent dans la littérature romanesque du siècle des Lumières. Dans le même ordre d'idée, il faut aussi noter : « Je raffole de cet enfant : c'est une vraie passion » (L. 20), « le suffrage de nos femmes à prétentions » (L. 81), « avec quelqu'un de plus usagé que Danceny » (L. 51). Très typiques, enfin, et particulièrement représentatifs des mœurs mondaines les termes hyperboliques : « L'effet de mon saisissement mortel » (L. 85), « il y avait au moins une mortelle demi-heure que mes femmes... » (L. 87).

Mᵐᵉ de Merteuil sait nuancer son style de toutes les tonalités ; elle est experte dans l'art de le plier à toutes les inflexions. Elle ironise : « Vous reviendrez à 10 heures souper avec le bel objet » (L. 2), « la petite personne [...] est assez farouche » (L. 5) ; elle méprise : « l'insultante confiance » (L. 113) ; elle joue le détachement : « Je surmontais ma petite honte » (L. 81) ; elle manie la vulgarité : « Mais adieu, j'ai faim » (L. 63) ; lorsque Cécile vient de faire une fausse-couche, elle se montre cynique : « À propos, je vous remercie de vos détails sur la petite Volanges » (L. 141). Elle puise, par dérision, ses références dans les Saintes Écritures : « J'ai été, suivant le précepte, visiter mes amis dans leur affliction » (L. 63) ; dans la lettre 113, elle se livre même au sujet de Mᵐᵉ de Tourvel à une véritable parodie d'une scène évangélique : « Son unique consolation, son seul plaisir doivent être à présent de parler de vous et de savoir ce que vous faites... Ce sont les miettes de pain tombantes de la table du riche ; celui-ci les dédaigne ; mais le pauvre les recueille avidement et s'en nourrit[1]. »

---

1. Cf. Épître de Jacques, I, 27.

L'esprit de la marquise est animé par une imagination sans cesse active et son style s'enrichit de métaphores ou de comparaisons aussi bien venues qu'inattendues : « Je lis un chapitre du *Sopha*, une lettre d'Héloïse et deux contes de La Fontaine, pour recorder les différents tons » (L. 10), « il serait homme à ne pas approuver notre renouvellement de bail » (L. 20), « ses parents tout hérissés d'honneur » (L. 81), « ces sortes de femmes ne sont absolument que des machines à plaisir » (L. 106), etc. Y. Le Hir[1] a recherché les sources des images qui se glissent si naturellement sous la plume de Mme de Merteuil ; certaines sont empruntées à la vie quotidienne : « Eh ! depuis quand voyagez-vous à petites journées et par des chemins de traverse ? Mon ami, quand on veut arriver, des chevaux de poste et la grande route » (L. 10). D'autres comparaisons tirent leur origine de la maladie : « C'est une fièvre qui, comme l'autre, a ses frissons et son ardeur, etc. » (L. 85), du jeu : « Ce fut un coup de partie qui me valut plus que je n'avais espéré » (L. 81), du théâtre : « Quand l'héroïne est en scène, on ne s'occupe guère de la confidente » (L. 146), de la guerre : « Une des choses qui me flatte le plus, est une attaque vite et bien faite, où tout se succède avec ordre quoiqu'avec rapidité » (L. 10), etc. La marquise se plaît même à utiliser non seulement le charme poétique du moyen âge récemment redécouvert — « Telle, dans nos anciens tournois, la Beauté donnait le prix de la valeur et de l'adresse » (L. 10) — mais encore les prestiges dont s'auréolaient au XVIIIe siècle les climats exotiques et les pays d'Orient : « Je me plaisais à le considérer comme un Sultan au milieu de son sérail... » (L. 10).

---

1. Cf. *op. cit.*, p. XXXVII.

7 Conclusion : Le sens de l'œuvre

LE VRAI SCANDALE

Il est temps, désormais, de se demander pourquoi *Les Liaisons dangereuses* ont soulevé, dès leur parution, une telle réprobation et un tel tollé. Laclos, bien sûr, dévoilait des vérités compromettantes pour une certaine société, mais le véritable scandale n'est pas là. « Pour la première fois, dans la lumière indiscrète que ces lettres projettent sur des secrets d'alcôve, ce qui peut se cacher sous l'apparente complicité de l'amour-goût, sous l'escrime de l'homme et de la femme, du désir et de la coquetterie, révélait sa vraie nature : l'érotisme. Les êtres croyaient rechercher des plaisirs, sinon innocents, du moins sans danger, des plaisirs « à fleur de peau » ; l'homme et la femme s'imaginaient, dans ce jeu traditionnel de l'attaque et de la défense, communier dans le goût du plaisir tout en donnant satisfaction aux convenances ; et Laclos leur apprenait, avec une évidence inconnue avant lui, la gravité et la cruauté de ce jeu, tout ce qu'il peut y entrer de volonté d'humilier et de contraindre. Et jamais livre n'avait ruiné à ce point ce que Suarès appelle « l'ingénuité sacrée du désir et sa candeur nécessaire[1]. »

Au fond, cette œuvre révélait soudain la toute-puissance de la sensualité et mettait à nu la force invincible de cet instinct qui peut devenir un redoutable moyen d'exercer sur autrui sa force et son emprise quand on en connaît les secrets et qu'on est prêt à les exploiter sans scrupule. Bien qu'amoureux, Cécile et Danceny ne résistent pas à l'appel des sens, à l'ivresse de la chair ; dans la peinture de ces deux adolescents, Laclos détruit un préjugé de son temps : la croyance traditionnelle en la pureté et en l'innocence des êtres jeunes. Quant à la défaite de Mᵐᵉ de Tourvel, elle montre la vanité d'une autre croyance : la supériorité de la vertu sur le vice. « Ce n'était [donc] pas le

---

1. J.-L. Seylaz, *op. cit.*, p. 92.

système de Valmont et de Mme de Merteuil qui était particulièrement scandaleux. Mais c'était que ce système parût vrai, que son succès fût vraisemblable[1]. »

▪▪▪▪ LE MAL, L'INTELLIGENCE ET LA LIBERTÉ

En fait, ce roman est écrit et conçu non du point de vue de l'innocence persécutée, mais en fonction du mal et de son triomphe. Dans *Les Liaisons dangereuses*, la méchanceté semble gratuite, arbitraire ; il n'y a pas, en effet, de commune mesure entre le ressentiment que Mme de Merteuil éprouve pour Gercourt ou Prévan et la vengeance implacable qu'elle tire d'eux ; ce n'est pas non plus la haine qui anime le vicomte de Valmont : il manifeste trop de détachement et trop d'insouciance à l'égard de ses victimes. On est donc en présence d'une perversité fondamentale qui s'exerce pour le plaisir de s'exercer et qui n'a d'autre fin que le parfait épanouissement de toutes ses velléités pernicieuses. Le caractère méthodique de cette méchanceté suscite chez le lecteur une fascination ambiguë, mêlée d'effroi et d'admiration ; on s'émerveille de l'ingéniosité suprême de la marquise et on frémit au récit de ses forfaits. *Les Liaisons dangereuses* sont le roman de l'intelligence pure mariée au mal ; jamais, avant Laclos, pareille vision du monde n'avait été offerte au public et le XVIIIe siècle lui-même dont l'amoralisme se borne à l'hédonisme et au plaisir ne pouvait qu'être scandalisé par le spectacle du mal exalté jusqu'au paroxysme par la toute-puissance de l'esprit.

« De tous les romanciers qui ont fait agir des personnages lucides et prémédités, Laclos est celui qui place le plus haut l'idée qu'il se fait de l'intelligence. Idée telle qu'elle le mènera à cette création sans précédent : faire agir des personnages de fiction en fonction de ce qu'ils pensent. La marquise et Valmont sont les deux premiers dont les actes soient déterminés par une idéologie[2]. » Ces mots d'André Malraux montrent bien que les

---

1. Voir note 1, p. 70.
2. A. Malraux, Préface aux *Liaisons dangereuses*, Gallimard, coll. « Folio », pp. 9-10.

protagonistes imaginés par le romancier cherchent avant tout à transformer leurs intentions en actes, à éviter l'indétermination que renferme l'avenir, à éliminer le hasard, à vouloir calculer, prévoir et fixer le futur ; les termes *projets, plan, desseins* reviennent fréquemment sous la plume de Valmont ou de Mme de Merteuil qui tirent l'un comme l'autre, chaque fois qu'il est possible, un plaisir délicieux à vérifier dans l'action l'exactitude rigoureuse de leurs prévisions ; ils s'enchantent ainsi de leur puissance et font le plein exercice de leur liberté puisqu'ils ont conscience de dominer le temps en faisant coïncider la conduite qu'ils ont conçue avec celle qu'ils ont effectivement vécue.

■■■■■ UNE ŒUVRE MORALE ?

Laclos, en tête de son ouvrage, dans la *Préface du rédacteur* (p. 29), affirme hautement la pureté de ses intentions et veut persuader son lecteur de la portée morale de son roman : « Il me semble [...], écrit-il, que c'est rendre un service aux mœurs que de dévoiler les moyens qu'emploient ceux qui en ont de mauvaises pour corrompre ceux qui en ont de bonnes » ; les derniers moments de l'intrigue répondent d'ailleurs à cette exigence édifiante et la catastrophe finale où les méchants sont châtiés montre bien que le crime ne paie pas. Puisqu'il prétend attirer l'attention du public sur le « danger des liaisons »[1], Laclos doit donc punir les roués et remettre Cécile et Danceny sur le chemin de la vertu. Or, ce dénouement n'a jamais satisfait personne et la gratuité des malheurs qui s'abattent sur les coupables dévalorise même la morale que Laclos désire faire triompher ; en effet, la petite vérole qui défigure Mme de Merteuil et la perte de son procès n'ont aucun rapport avec ses fautes ; d'autre part, la mort de Valmont est ressenti comme un événement artificiel qui arrange trop bien les choses. Cet épilogue paraît si arbitraire que le lecteur a le sentiment d'avoir été joué ; il pense que le romancier s'est moqué de lui et que le but moral du livre n'est qu'une ruse. Ainsi, malgré le sort peu enviable qui leur est réservé, les protagonistes de cette action conservent

---

1. Laclos avait primitivement eu l'intention de donner ce titre à son roman.

tout leur prestige et exercent sur nous le même pouvoir de fascination.

Toutefois, ce dénouement en masque un autre. Au-delà des exigences de la morale conventionnelle se dévoile la véritable nécessité : l'esprit du mal marié à l'intelligence trouve sa défaite non dans l'intervention de la société ou des circonstances extérieures, mais en soi, par sa nature même. « Il est logique, écrit René Lalou, que la *volonté de puissance* finisse par opposer la Merteuil et Valmont... Plus encore que l'instinct moralisateur, ce châtiment satisfait l'esprit[1] ». « Ainsi, ajoute J.-L. Seylaz, par-delà les conclusions apparentes et plus ou moins ironiques, apparaît la vraie leçon que nous propose l'œuvre : ce qui limite la suprématie de l'intelligence, ce n'est pas seulement une valeur comme l'amour, c'est encore une fatalité à laquelle nul esprit humain n'échappe. Car aussitôt que l'intelligence cesse d'être contemplative, désintéressée, qu'elle prétend agir sur les êtres, elle est contrainte de mettre en œuvre des forces qu'elle sera finalement impuissante à maîtriser mais sans lesquelles elle n'aurait pas de prise réelle sur autrui. De plus, dans un monde qui refuse la charité et dans lequel l'intelligence ne veut s'exercer que pour elle-même, pour sa propre satisfaction, il n'y a pas de place pour deux exigences totalitaires et l'intelligence dominatrice ne peut finalement que se heurter à elle-même (et tel est sans doute le motif profond qui a poussé Laclos à inventer le couple Valmont - Merteuil[2]). »

1. *Défense de l'homme (Intelligence et sensualité)*, Paris, Kra, 1926, pp. 168-169.
2. J.-L. Seylaz, *op. cit.*, p. 151.

BIBLIOGRAPHIE

1. Œuvres de Choderlos de Laclos

On lira les *Œuvres complètes* de Laclos dans le texte établi et annoté par Laurent Versini (Gallimard, « Bibliothèque de la Pléiade », 1979).

● Édition originale des *Liaisons dangereuses*.
— *Les Liaisons dangereuses ou lettres recueillies dans une société et publiées pour l'instruction de quelques autres.* (Par M. C... de L..., Amsterdam ; Paris, Durand neveu, 1782, 4 vol.)

● Éditions modernes des *Liaisons dangereuses*
— *Les Liaisons dangereuses*, texte établi sur le manuscrit autographe et présenté par Yves Le Hir (Garnier, 1952).
— *Les Liaisons dangereuses*, préface d'André Malraux (Gallimard, 1958, Livre de Poche).
— *Les Liaisons dangereuses*, chronologie et préface par René Pomeau (Garnier-Flammarion, 1964).
— *Les Liaisons dangereuses*, préface et commentaires de Francis Marmande (Presses Pocket, coll. « Lire et voir les classiques », 1989).
— *Les Liaisons dangereuses*, préface d'André Malraux, notice et notes de Joël Papadopoulos (Gallimard, coll. « Folio », 1990).

2. Études sur Laclos

— Baudelaire (Charles), « Notes sur *Les Liaisons dangereuses* », in *Œuvres complètes* de Baudelaire (Gallimard, « Bibliothèque de la Pléiade », nouvelle édition, texte établi et annoté par Y.-G. Le Dantec, 1958, pp. 995-1002). Une lecture exhaustive de ces notes est indispensable : Baudelaire est l'un des premiers à avoir découvert le véritable sens et la véritable portée de l'œuvre de Laclos.
— Belaval (Yvon), *Choderlos de Laclos* (Seghers, coll. « Écrivains d'hier et d'aujourd'hui », 1972). Une étude d'une cinquantaine de pages qui offre l'avantage de présenter rapidement et synthétiquement différents problèmes posés par *Les Liaisons dangereuses*.

— Blanc (Henri), *Les Liaisons dangereuses* (Hachette, coll. « Poche critique », 1972). Approche structuraliste du roman de Laclos ; perspectives très fécondes ; cet ouvrage s'adresse néanmoins davantage à des étudiants spécialisés qu'à des élèves du second degré.

— Butor (Michel), *Répertoire II* (Éditions de Minuit, 1964). On tirera un profit certain à la lecture de cet essai, mais on considérera que bien des interprétations restent subjectives et discutables.

— Coulet (Henri), *Le roman français du Moyen Âge à la Révolution* (A. Colin, « Collection U », 1967, pp. 471 à 482). Remarquable présentation synthétique du roman de Laclos.

— Coulet (Henri), « Quelques aspects du roman anti-révolutionnaire sous la Révolution » (*Revue de l'Université d'Ottawa*, juillet 1984).

— Delmas (André et Yvette), *À la recherche des « Liaisons dangereuses »* (Mercure de France, 1964). Très intéressant travail sur l'influence des *Liaisons dangereuses* depuis leur parution jusqu'en 1960 ; on trouvera aussi dans ce livre une interprétation générale du roman et une étude psychologique fort bien menée des différents personnages.

— Delon (Michel), *Les Liaisons dangereuses* (Presses Universitaires de France, coll. « Études littéraires », 1986).

— Demoris (René), « La symbolique du nom de personne dans *Les Liaisons dangereuses* » (*Littérature*, nº 36, 1979).

— Fabre (Jean), « *Les Liaisons dangereuses*, roman de l'ironie » in *Missions et démarches de la critique* (Klincksieck, 1973) (*cf.* pp. 651-672).

— Malraux (André), *Préface* aux *Liaisons dangereuses* (Gallimard, coll. « Folio », 1972). Il s'agit d'un article paru en 1939 à la N.R.F. Ce texte est capital : il renouvelle les études sur Laclos et élargit considérablement les perspectives.

— Poisson (Georges), *Choderlos de Laclos ou l'obstination* (Grasset, 1985).

— Pomeau (René), « Le mariage de Laclos », (*Revue d'histoire littéraire de la France*, janvier-mars 1964, pp. 60-72). Étude biographique qui prouve définitivement que Laclos n'avait rien d'un libertin.

— Pomeau (René), « D'*Ernestine* aux *Liaisons dangereuses* : le dessein de Laclos » (*Revue d'histoire littéraire de la France*, mai-août 1968). On entrevoit, grâce à cet article, le processus de la création littéraire chez Laclos ; en outre, le dessein « moral » du romancier paraît définitivement attesté.

— Pomeau (René), *Laclos* (Hatier, coll. « Connaissance des lettres », 1975).

— Poulet (Georges), « Chamfort et Laclos », in *Études sur le temps humain*, II, *La distance intérieure* (Plon, 1952, pp. 56-80). Une reconstruction pénétrante de la conception implicite du temps chez Laclos.

— Roelens (Maurice), « Le texte et ses conditions d'existence : l'exemple des *Liaisons dangereuses* » (*Littérature*, n° 1, février 1971, pp. 73-81). Travail intéressant, mais d'accès difficile pour de jeunes élèves ; s'adresse avant tout aux étudiants spécialisés.

— Rousset (Jean), *Forme et signification* (José Corti, 1962) (*cf.* pp. 65-103). Des analyses pertinentes - Lecture recommandée.

— Seylaz (Jean-Luc), *Les Liaisons dangereuses et la création romanesque chez Laclos* (Genève, Droz ; Paris, Minard, 1958). La première partie de cet ouvrage est consacrée à une étude de structure ; J.-L. Seylaz y montre que les lettres qui composent le roman ont été disposées par Laclos selon un ordre très subtil qui fait de ce romancier le plus conscient des artistes ; dans une deuxième partie, J.-L. Seylaz donne une explication de l'œuvre et des personnages à partir de l'intelligence et par rapport à elle. Livre capital dont on ne saurait éviter la lecture.

— Todorov (Tzvetan), « Choderlos de Laclos et la théorie du récit », (*Tel Quel*, automne 1966, n° 27, pp. 17-28) et « Littérature et signification », in *Langue et langage* (Larousse, 1967). Deux approches structuralistes des *Liaisons dangereuses* ; aperçus très riches, mais difficiles pour le lecteur peu averti ou mal informé.

— Vailland (Roger), *Laclos par lui-même* (Le seuil, 1953). Une étude intéressante du libertinage (cf. pp. 55 à 111), mais une interprétation du roman fort contestable (*cf.* notre chapitre : *Un roman révolutionnaire ?*).

— Versini (Laurent), *Laclos et la tradition, Essai sur les sources et la technique des Liaisons dangereuses* (Klincksieck, 1968). Admirable travail dont la lecture est désormais indispensable à tous ceux qui désirent aborder sérieusement l'œuvre de Laclos. *Les Liaisons dangereuses* sont expliquées par la tradition romanesque et théâtrale et le texte est soumis à une remarquable analyse stylistique. En outre, les affinités profondes entre Laclos et Rousseau sont parfaitement mises en lumière.

— Versini (Laurent), « Laclos épistolier ou la préméditation » (*Cahiers de l'association internationale des études françaises*, 1977) (*cf.* pp. 187-203).

— Versini (Laurent), *Le Roman épistolaire* (Presses universitaires de France, coll. « Littératures modernes », 1979).

— Versini (Laurent), « Les surréalistes et Laclos » (*Revue d'histoire littéraire de la France* », juillet-août 1982).

3. Ouvrages collectifs

— « Laclos » (*Revue d'histoire littéraire de la France*, juillet-août 1982).
— « Laclos et le libertinage », *Actes du Colloque de Chantilly* (Presses universitaires de France, 1983).
— Delon (M.), Mauzi (R.), Menant (S.), *De L'« Encyclopédie » aux « Méditations », 1750-1820* (Arthaud, Grenoble, 1984).

4. Adaptations

— *Les Liaisons dangereuses 1960*, film de Roger Vadim, dialogues de Roger Vailland, avec Gérard Philipe et Jeanne Moreau (1960).
— *Les Liaisons dangereuses*, dramatique télévisée de Charles Brabant (1982, 1985).
— *Quartett*, pièce de Heiner Müller, mise en scène de Patrice Chéreau, théâtre des Amandiers de Nanterre (1985) ; mise en scène de Jean-Louis Martinelli, théâtre de l'Athénée-Louis Jouvet (1989).
— *Les Liaisons dangereuses*, adaptation de Christophe Hampton, traduite en français, mise en scène par Gérard Vergez, avec Bernard Giraudeau (1988).
— *Les Liaisons dangereuses,* film anglais de Stephen Frears, avec Glenn Close, John Malkovich, Michelle Pfeiffer (1988).
— *Valmont*, film américain de Milos Forman, avec Colin Firth, Annette Bening, Meg Tilly et Fairuza Balk. Adaptation de Jean-Claude Carrière (1989).

INDEX DES THÈMES ET NOTIONS

Les numéros correspondent aux pages du *Profil*.

Imprimé en France par l'Imprimerie Hérissey - 27000 Évreux
Dépôt légal : 8770 - Janvier 1992 - Nᵒ d'impression : 56827